상위 1% 아이를 만드는 행복한 NIE 교과서
(신문 활용 교육 33가지 활동)

[행복한 교과서®] 시리즈 No. 02

지은이 | 정선임
발행인 | 홍종남

2013년 2월 4일 1판 1쇄 발행 | 2013년 5월 1일 1판 2쇄 발행
2013년 11월 28일 1판 3쇄 발행 | 2014년 8월 15일 1판 4쇄 발행
2015년 6월 27일 1판 5쇄 발행 | 2016년 9월 9일 1판 6쇄 발행
2019년 8월 8일 1판 7쇄 발행 | 2024년 11월 13일 1판 8쇄 발행(총 8,000부 발행)

이 책을 만든 사람들
책임 기획 | 홍종남
북 디자인 | 김효정
그림(삽화) | 김민정
교정 교열 | 안종군
출판 마케팅 | 김경아

종이 및 인쇄 제작 파트너
JPC 정동수 대표, 천일문화사 유재상 실장, 북토리 이성은 팀장

도움을 주신 분들
김포 남자중학교 심수현, 박기성 | 김포 여자중학교 이주연
김포 감정중학교 이지민, 원혜은 | 김포 서초등학교 임혜성
윤중초등학교 6학년 김도연, 김유진, 노현경, 이민종, 정소의

펴낸곳 | 행복한미래
출판등록 | 2011년 4월 5일. 제 399-2011-000013호
주소 | 경기도 남양주시 도농로 34, 301동 301호 (다산동, 플루리움)
전화 | 02-337-8958 팩스 | 031-556-8951
홈페이지 | www.bookeditor.co.kr
도서 문의(출판사 e-mail) | ahasaram@hanmail.net
내용 문의(지은이 e-mail) | miegun@hanmail.net
※ 이 책을 읽다가 궁금한 점이 있을 때는 지은이의 e-mail을 이용해주세요.

ⓒ 정선임, 2013
ISBN 978-89-968617-7-5
〈행복한미래〉 도서 번호 018

※ [행복한 교과서®] 시리즈는 〈행복한미래〉 출판사의 실용서 브랜드입니다.
※ [행복한 교육학®] 시리즈는 〈행복한미래〉 출판사의 교육학 브랜드입니다.
※ 이 책은 신저작권법에 의거해 한국 내에서 보호를 받는 저작물이므로 무단 전재 및 복제를 금합니다.

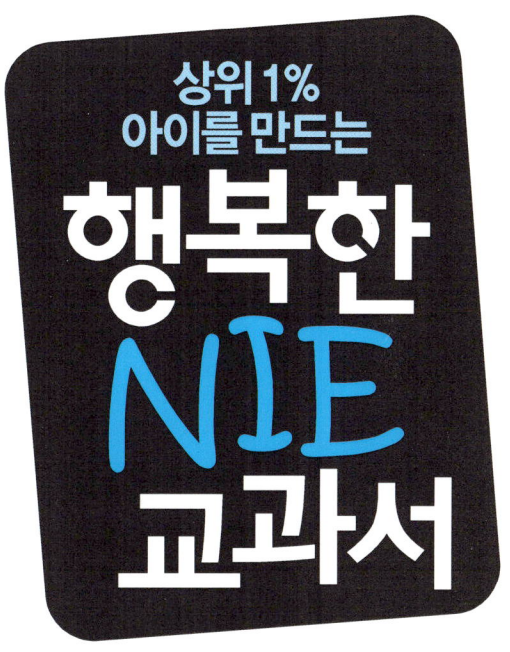

상위 1%
아이를 만드는
**행복한
NIE
교과서**

정선임 지음

행복한미래

프·롤·로·그

신문이 아이의 미래를 결정한다!

어머니를 대상으로 한 NIE 강좌를 시작할 때 필자는 항상 "오늘 여기에 왜 오셨습니까?"라고 묻는다. 필자가 생각해도 참 황당한 질문이다. 당연히 배우러 왔지, 왜 왔겠는가? 하지만 어머니들의 대답은 그리 간단하지 않다. 많은 어머니들이 "신문을 읽는 눈을 가지고 싶어서", "아이가 신문을 흥미 있게 읽도록 하는 방법을 알고 싶어서", "아이가 논술을 잘하게 하고 싶어서"라고 대답한다. 어머니들의 대답을 들어보면 신문을 마치 만병 통치약처럼 생각하고 있는 것이 아닌가하는 의구심이 든다.

그런데 한번 생각해보자. 과연 그냥 신문을 읽기만 하면 되는 것일까? 매일 신문을 읽는 사람은 세상에 수천 명, 아니 수만 명에 달할 것이다. 그렇다고 해서 신문을 읽는 사람 모두가 신문을 통해 원하는 것들을 모두 얻는다고는 할 수 없다. 어떤 사람은 화장실에서 신문으로 무료함을 달래기도 하고, 어떤 사람은 커피를 마시며 느긋한 마음으로 '사람 사는 이야기'를 읽는다. 그런가 하면 어떤 사람은 신문 안에서 인류의 미래를 읽어내기도 하고, 경제적인 부를 이룰 수 있는 정보를 발견하기도 한다.

무엇이 이처럼 다른 결과를 가져다주는 것일까? 그것은 바로 '읽는 능력'과 '정보를 조합하여 새로운 정보로 생산하는 능력'의 차이라고 할 수 있다. 이러한 정보 활용 능력은 학교에서 배우는 교과목처럼 암기한다고 해서 얻을 수 있는 것이 아니라 스스로 많은 정보를 접하고, 이를 다양하게 활용해야만 얻을 수 있는 것이다.

우리 아이들이 사는 세상은 정보가 넘쳐나는 세상이다. 따라서 정보를 활용하는 능력을 가진 사람만이 미래를 읽을 수 있는 것이다. 신문 속에는 다이아몬드 원석이 들어 있다. 그 가치를 알아보는 눈이 있는 사람만이 만인의 사랑을 받는 보석으로 빛나게 할 수 있다.

지은이 정선임

· 차 · 례 ·

프롤로그 : 신문이 아이의 미래를 결정한다!   **004**

PART 1
신문, 세상을 읽다

1 : 신문 읽는 아이에게는 뭔가 특별한 능력이 있다   **014**
2 : 신문 읽기의 출발점, 신문의 구성을 파악하게 하라   **017**
3 : 신문이 가지고 있는 시각의 차이를 알게 하라   **021**
4 : 기사의 구조를 알면 기사의 핵심이 눈에 보인다   **025**
5 : 기사 제목은 신문사의 시각에서 결정된다는 것을 알게 하라   **028**
6 : 창의력, 논리력을 키워주는 신문 활용 교육   **032**
7 : 엄마와 함께 만드는 NIE 활용 능력 3단계   **036**

NIE 활동 01   **빙고게임** : 신문에 무엇이 있는지 함께 놀이를 해봐요   **042**
NIE 활동 02   **퀴즈! 퀴즈!** : 기사를 꼼꼼히 읽고, 퀴즈로 풀어봐요   **044**

PART 2
인성을 길러주는 신문, 창의성을 키워주는 신문

1: 인성교육의 베이스캠프, 신문 **048**
2: 21세기형 리더가 갖추어야 할 최고의 덕목, 인성(人性) **053**
3: NIE로 할 수 있는 5가지 인성 지도 원리 **055**
4: NIE는 가장 좋은 심리 치료사 **059**

NIE 활동 03 **자기성찰** : 나의 감정을 읽어봐요 **062**
NIE 활동 04 **동일화** : 다른 사람의 감정을 공감해봐요 **064**
NIE 활동 05 **관계 짓기** : 사회를 이루는 한 사람으로서 나를 느껴봐요 **066**
NIE 활동 06 **모델링** : 따뜻한 세상을 만드는 이들을 신문에서 찾아봐요 **069**

5: 창의성을 높여주는 두뇌 교육, NIE에 있다 **071**
6: 우리 아이 창의력 사용 설명서 **075**
7: 신문은 창의성을 키우는 가장 좋은 재료, 그 핵심은 관찰이다 **079**
8: 상위 1% 아이들의 특별한 관찰 질문 3가지 **082**

NIE 활동 07 **이미지 관찰하기** : 신문 속의 이미지를 관찰하기 위해 3가지 질문을 해요 **084**
NIE 활동 08 **인물 관찰하기** : 신문 속 인물 사진을 활용하여 관찰하는 연습을 해요 **086**
NIE 활동 09 **상상하기 1 (현장)** : 관찰한 정보들을 활용하여 신문 속의 장면을 상상해봐요 **088**
NIE 활동 10 **상상하기 2 (다음 장면)** : 다음 장면을 상상할 수 있는 정보를 관찰해보세요 **090**

9: 아이의 창의력을 키우는 신문 활용 기법 3가지 **092**

`NIE 활동 11` **강제 결합법** : 관련 없는 것들을 묶어서 서로 관련 있도록 이야기를 만들어 보세요 **095**

`NIE 활동 12` **의인 유추 방법** : 대상의 일부분이 되어 나를 새로운 관점으로 바라봐요 **097**

`NIE 활동 13` **PMI** : 다양한 관점에서 아이디어를 떠올려보세요 **098**

PART 3
신문, 교과서를 품다

1: 어휘력이 공부 체력을 결정한다 **102**

2: 아이의 어휘력을 키우는 신문 활용 기법 4가지 **104**

`NIE 활동 14` **어휘력 1(사전 찾기)** : 신문에서 뜻을 찾으며 어휘력을 키워봐요 **107**

`NIE 활동 15` **어휘력 2(연꽃 기법)** : 어휘를 구조적이고 체계적으로 떠올려봐요 **108**

`NIE 활동 16` **어휘력 3(어휘 연상법)** : 이미지와 관련된 어휘를 떠올린 후, 짧은 글짓기를 해봐요 **109**

`NIE 활동 17` **어휘력 4(어휘 선택)** : 문맥 안에서 어울리는 어휘를 선택 해봐요 **110**

3: 읽기 능력을 향상시키는 배경지식, 글쓰기 실력을 높이는 NIE **111**

`NIE 활동 18` **만화 1(이야기)** : 기존의 만화에 새롭게 이야기를 입혀보세요 **116**

`NIE 활동 19` **만화 2(에세이)** : 만화를 보고 떠오르는 생각을 자유롭게 적어보세요 **117**

`NIE 활동 20` **만화 3(흐름)** : 이야기의 흐름을 파악하여 만화의 일부분을 채워보세요 **119**

`NIE 활동 21` **만화 4(4컷 만화)** : 기사의 내용을 4컷의 장면으로 표현해보세요 **121**

`NIE 활동 22` **핵심어** : 핵심어를 찾으며 기사를 자세히 읽어보세요 **123**

4: 사회 과목 만점 비결, NIE가 정답이다 **125**

PART 4
신문은 가장 좋은 제 2의 논술 교과서

1: 엄마는 아이의 첫 번째 논술 선생님　**132**
2: 생활 속의 논리, 논리의 오류에서 빠져나와라　**137**
3: 신문은 가장 좋은 제 2의 논술 교과서　**141**
`NIE 활동 23`　**타당성**　: 객관적 사실과 개인의 의견을 구별하며 읽어요　**143**
4: 글과 말을 논리적으로 풀어나가는 '6단 논법'　**144**
`NIE 활동 24`　**찬반 토론**　: 신문은 찬반 토론장, 상반된 의견을 비교, 대조하면서 읽어요　**148**
`NIE 활동 25`　**개요 파악**　: 사설, 칼럼 읽고 주장을 파악하여 근거를 정리해봐요　**151**

PART 5
꿈을 키우는 신문 일기

1: 진로를 찾아주는 나침반, NIE　**156**
`NIE 활동 26`　**표현**　: 신문의 모든 구성 요소를 활용하여 나를 표현해보세요　**159**
2: 신문 일기는 최고의 포트폴리오다　**161**
3: 신문 일기는 엄마와 아이가 함께 하는 진로 탐색 활동이다　**164**

4: 신문 일기를 통해 세상 보는 눈을 뜨게 하라   167
5: 신문 일기를 시작하려는 엄마가 알아야 할 3가지 TIP   171
NIE 활동 27   KWL 차트 : 기사를 읽고 정보를 분류하여 정리해보세요   173
6: 우리 아이에게 딱 맞는 신문 일기 3단계 비법   175

PART 6

신문 만들기, 엄마의 숙제에서 아이의 지식 창고로 재탄생

1: 신문, 만드는 과정이 핵심이다   184
2: 기획, 신문 만들기의 성공을 좌우한다   188
3: 취재, 머리로만 생각하지 말고 발고 뛰게 하라   192
4: 기사 쓰기, 내가 만든 기사를 돋보이게 하는 4가지 습관   195
5: 신문 만들기의 꽃, 편집   200
6: 우리 아이에게 딱 맞는 기사 쓰기 5가지 전략   203
NIE 활동 28   게이트키핑 : 편집국장이 되어 오늘의 주요 뉴스를 뽑아 봐요   208

PART 7
신문 속의 광고로 시대와 트렌드를 읽다

1: 광고는 시대와 트렌드를 읽는 키워드 **212**
2: 나는 최고의 카피라이터, 창의성이 돋보이는 광고를 만들어라 **215**
`NIE 활동 29` **광고** : 기존의 광고를 활용하여 나만의 광고를 만들어보세요 **216**
`NIE 활동 30` **카피** : 창의적인 광고 문구로 새롭게 바꿔보세요 **217**
`NIE 활동 31` **광고 제작** : 나만의 광고를 직접 만들어봐요 **218**
3: 나는 최고의 경제 전문가, 광고에서 경제를 읽다 **219**
`NIE 활동 32` **광고 체인지** : 과장, 허위 광고를 솔직한 광고로 바꿔보세요 **221**
`NIE 활동 33` **광고 평가** : 기준을 정하여 내가 생각하는 좋은 광고를 골라보세요 **224**

{책속의 책}
포트폴리오를 완성하는 창의적 체험활동

1: 2009 개정 교육과정, 창의적 체험활동에서 답을 찾다 **228**
2: 창의적 체험활동은 최고의 포트폴리오를 만든다 **231**
3: 창의적 체험활동은 엄마의 작품일까? 아이의 작품일까? **234**
4: NIE 활동 결과물을 나만의 포트폴리오로 만들게 하라 **237**

:에필로그: 현명한 엄마는 아이와 함께 신문을 읽는다 **242**

1

신문,
세상을 읽다

신문 읽는 아이에게는 뭔가 특별한 능력이 있다 01

　얼마 전 한 초등학교로부터 '엄마와 함께 하는 NIE'라는 주제로 강의를 의뢰받은 적이 있다. 이 강의는 학교에서 주최하였는데 다른 학교와는 달리 많은 학부모들이 참석하였다. 대학 입시 설명회도 아니고, 교과 수업과 직접 관련되지 않은 NIE 강의에 이렇게 많은 관심이 있으리라고는 생각하지 못했기 때문에 다소 뜻밖이었다.

　강의가 끝나고 교장선생님과 이야기를 나누면서, 그제서야 많은 사람이 참석한 이유를 알 수 있었다. 그 이유는 바로 교장선생님의 특별한 NIE 사랑 때문이었다.

　하지만 이렇게 되기까지에는 우여곡절이 많았다고 한다. 평소 신문 읽기의 중요성을 알고 있었던 교장선생님은 이 학교에 취임한 후 모든 학생들에게 신문을 구독하도록 권장하였다고 한다. 이 일로 신문 구독을 반대하는 학부모와 일부 선생님들에게 강한 항의를 받았다고 한다.

사심이 있어서 그런 것 아니냐며 색안경을 끼고 본 것이었다. 때마침 신문, 방송에서 일부 학교의 비도덕적인 거래가 보도되고 있었던 상황이었기 때문에 어찌보면 당연한 반응이기도 했다.

하지만 교장선생님은 자신의 행동이 떳떳하기 때문에 뜻을 굽히지 않았고, 급기야 '신문 읽기의 효과에 대한 공청회'까지 개최하면서 학부모들을 설득했다고 한다. 현재는 원하는 학생만 신문을 선택하여 읽도록 하고 있지만, 학부모들의 인식도 많이 변하여 신문을 구독하는 학생들의 수가 점점 늘고 있다고 한다. 그리고 처음에는 무관심하던 선생님들도 신문 활용 교육에 적극 동참하고 있다고 한다.

신문 읽기가 아무리 중요하다고는 하지만 다른 사람들에게 의심받고, 자칫 불명예스러운 일을 당할 위험을 무릅쓰고 교장선생님이 그토록 아이들에게 신문을 읽혀야 한다고 주장하는 이유는 무엇일까?

"1900년대 초, 우리 조상들은 100년 후인 지금 우리들이 사는 모습을 상상조차 하지 못했다. 우리 또한 100년 후의 사람들이 어떤 삶을 살아갈 것인지 상상할 수 없다. 100년 후가 아니라 우리 아이들이 세상의 주인이 되어 살아갈 불과 10~20년 후의 모습도 짐작하기 힘들 정도로 인류는 빠르게 진화하고 있다. 그런 세상을 살아갈 아이들이 엄마, 아빠가 배웠던 교과서와 별반 다를 것이 없는 교과서로 공부하고, 학원에서 암기하는 공부를 해서는 아이들에게 필요한 경쟁력을 갖추기 힘들다"라는 것이 교장선생님의 신념이었다. 교장선생님은 신문 속에서는 매일매일 새로운 세상이 펼쳐지고, 다양한 읽을거리가 가득 담겨 있으며, 한 번 훑어보고 지나치는 광고조차도 창의적인 산물이기 때문에 그 어떤 것보다도 훌륭한 교재라고 힘주어 말한다.

　물론 이는 개인의 의견이자 한 교육자의 신념일 수 있다. 하지만 이러한 주장을 뒷받침할 수 있는 증거는 우리 주변에서 쉽게 발견할 수 있다.

　성공한 사람들은 신문을 보는 데 많은 시간을 투자한다. 꼭 성공한 사람들의 이야기가 아니라 우리 아이들을 통해서도 이를 쉽게 알 수 있다. 학교에서 수업을 하다 보면 신문을 어릴 적부터 꾸준히 읽어온 학생들과 신문을 전혀 읽지 않은 아이들의 읽기 능력과 세상을 바라보는 시각의 차이는 확연히 드러난다.

　이제 신문 읽기는 선택이 아니라 필수다. 신문은 미래를 살아가는 힘인 창의적 사고력, 논리적 사고력의 바탕을 마련할 수 있는 매력적인 매체이기 때문이다. 더욱이 집에서 스스로, 그것도 가족과 함께 할 수 있다는 점과 비싼 수업료가 필요하지도 않다는 점은 신문이 더욱 매력적인 교재인 이유다.

02 신문 읽기의 출발점, 신문의 구성을 파악하게 하라

　처음 신문을 접하는 아이들에게 어떻게 신문을 읽으라고 하는 것이 좋을까? 신문을 읽는 데도 방법이 있을까? 물론 있다. 우선 전체적으로 신문을 한 번 훑어보면서 각 면과 구성 요소, 명칭을 소개해주는 것이 좋다.

　신문은 독자들이 관심 있는 분야의 기사를 쉽게 찾을 수 있도록 종합면, 사회면, 국제면 등 여러 면들로 구성되어 있다. 종합면은 정치, 경제, 해외 등 분야를 막론하고 그날의 이슈가 되는 기사를 싣는 면이다. 그 중 1면은 가장 톱 이슈가 실리는 면으로, 톱 기사와 사이드 톱 기사, 사진으로 내용을 전달하는 보도 사진 등이 실리며, 지면 여건상 간단하게 핵심적인 정보만 싣는다. 좀 더 자세한 내용은 뒤쪽에 할애된 면에 계속 실린다. 신문을 읽을 때 '관련 기사 4, 5면'이라는 문구를 본 적이 있을 것이다.

그리고 그날의 톱 이슈가 되었던 기사는 사설이나 만평으로도 실린다. 신문의 뒤쪽에는 오피니언이 있는데, 이 면에는 주요 사건이나 사회현상에 대한 전문가들의 의견이 실린다. 아이들과 오피니언을 살필 때는 사설과 칼럼의 차이를 설명해주는 것이 좋다.

쉽게 말하면, 사설은 그 신문사의 의견을 담은 글이고, 칼럼은 그 분야의 전문가들이 쓴 글이다. 사설은 특히 그 분야의 전문가가 아니라 신문사를 대변하는 글이기 때문에 좀 더 주의 깊게 읽어야 한다.

요즘 신문의 트렌드는 섹션화이다. 경제, 건강, 공부, 여행 등 신문사마다 다양한 섹션을 선보이고 있다. 이는 다양하고 빠른 매체 속에서 살아남기 위한 종이 신문의 생존 전략으로, 깊이 있는 정보와 고급 정보를 제공하고 있다.

신문에 실리는 만화는 일반적으로 재미를 추구하는 만화와는 달리 시사적인 내용을 풍자하거나 해학을 담고 있다. 4컷 만화와 만평은 답답한 심정을 뻥 뚫어주는 웃음을 선사하기도 하고, 그날 일어난 사회문제의 이해를 돕기도 한다. 이러한 이유 때문에 시사 만화와 만평은 아이들이 이해하기는 조금 어려운 면이 있다.

일부 신문사에서는 시사 만화 외에도 생활 속에서 일어날 수 있는 소재를 다룬 만화와 역사, 국제 관계, 법률 등 일반인들이 어려워할 수 있는 주제를 만화로 쉽게 설명한 것들도 실리고 있다.

이 밖에 사회면, 국제면, 인물면, 스포츠면, 신문의 40%를 넘게 차지하는 광고까지 각 면에 대해 간단하게 소개해주어 신문을 전체적으로 파악할 수 있도록 해주는 것이 좋다.

가능하다면 훑어보기만 하지 말고 알게 된 사실을 정리하는 활동과 연결시키는 것이 좋다. 초등학생의 경우는 간단하게 신문에 어떤 정보들이 들어 있는지, 신문의 구성은 어떠한지를 확인하는 정도로 가볍게 소개한다. 중·고등학생의 경우는 신문의 메커니즘을 설명하면서 신문을 재구성해보는 활동을 해보도록 한다(활동에 대한 설명은 뒤에 아이들 작품을 보여주면서 자세히 설명한다).

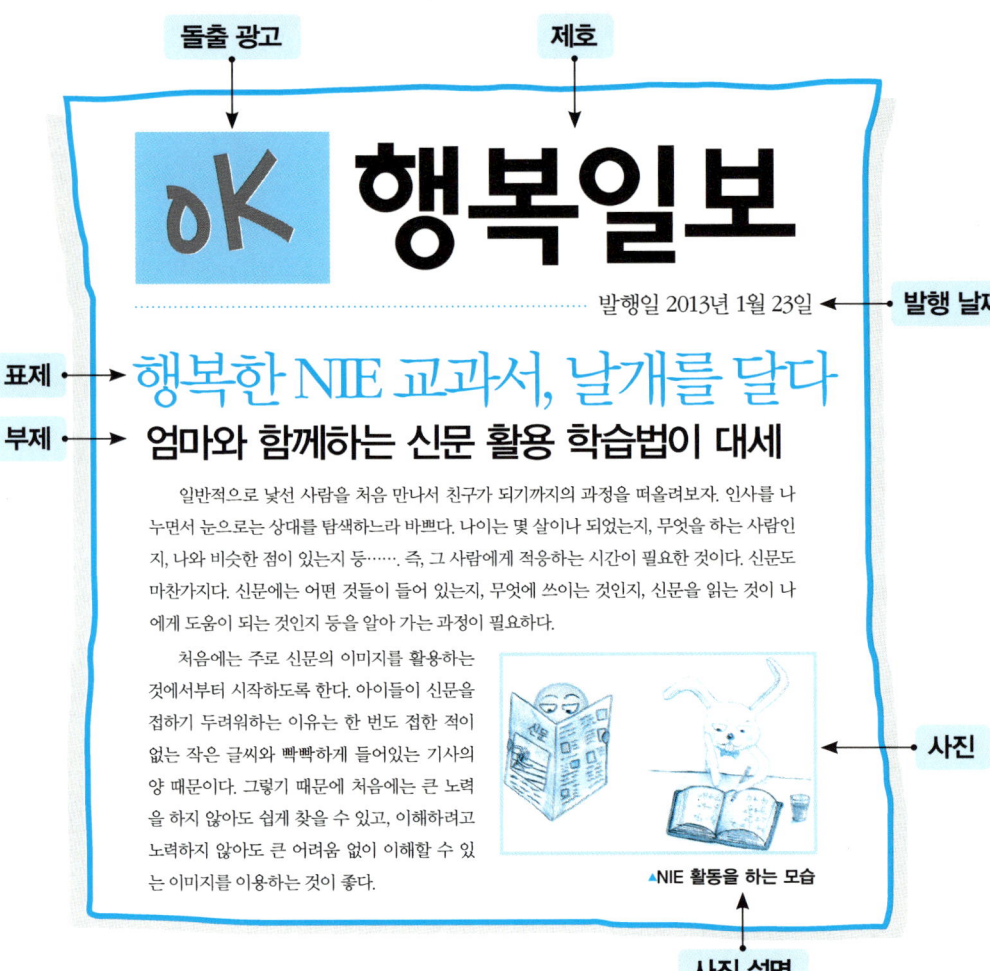

- **제호** : 신문의 이름
- **발행 날짜** : 그날의 날짜만을 쓰거나 단기 기록 또는 음력 날짜 등을 함께 적은 신문사도 있다.
- **돌출 광고** : 튀어나와 알린다는 의미에서 붙여진 이름이다. 크기는 작지만 광고 효과가 크기 때문에 가격이 비싸다. 제호 옆이나 기사 중간에 들어간다.
- **표제** : 기사 제목
- **부제** : 기사의 작은 제목, 신문은 제목, 부제, 기사의 첫 문장만 읽어도 그 내용을 파악할 수 있다.
- **사진** : 백 마디 말보다 사진이 더 효과적이라고 할 정도로 사진은 메시지 전달 효과가 크다.
- **사진 설명** : '캡션(caption)'이라 불리며, 사진 장면에 대해 설명한 글이다.

03 신문이 가지고 있는 시각의 차이를 알게 하라

　세계 유명 신문사의 이름을 살펴보면, 영국의 '가디언(Guardian)'은 수호자, 일본의 '아사히'는 아침 해, 프랑스의 '르몽드'는 세계라는 뜻을 가지고 있다. 정확하게 말할 수는 없지만 그 이름에서 우리는 신문이 어떤 역할을 하는 미디어인지를 엿볼 수 있다. 필자는 개인적으로 'The Sun(태양)'*이라는 제호가 가장 마음에 든다. 제호의 뜻 그대로 신문은 태양과 같은 역할을 하는 것이라 생각하기 때문이다. 태양의 빛과 에너지는 지구상의 모든 생물들에게 생명을 준다. 또 태양은 어떤 생명체든 차별하지 않으며, 많이 가진 사람들이나 적게 가진 사람을 구별하지 않고 골고루 비춘다.

　세상 곳곳에서 일어나는 일들을 비추어 드러나게 하고, 세상의 관심

---

* 영국의 신문인 'The Sun' 지는 상업적이고 선정적인 기사를 주로 다루어 비판을 받고 있다. 아쉽게도 'The Sun'은 실제로는 옐로 저널리즘의 경향을 띠고 있다.

에서 벗어나 어두운 곳에 묻힐 수 있는 것들 또한 비추어 밝은 빛을 볼 수 있도록 해준다. 때로는 감추고자 했던 것들도 신문에 의해 만천하에 밝혀지기도 한다. 신문이 가지고 있는 기능은 바로 이런 것이다. 이렇듯 세상을 밝혀주고, 비춰주고, 세상에 드러나게도, 빛나게도 한다.

얼마 전 신문협회에서 조사한 자료에 따르면 국민들이 가장 신뢰하는 매체는 신문이라고 한다. 이 조사에서 독자들은 신문이 편파적이지 않으면서 공정한 정보를 전달해주기를, 국민의 입장을 대변해주고 비판해주기를 기대하는 것으로 나타났다.

물론 신문이 국민에게 신뢰받는 매체가 되기 위해서는 신문으로서의 기능과 역할을 제대로 수행해야 한다는 것이 전제되어야 할 것이다. 그러나 신문이 이런 역할을 잘 해준다면 더 이상 바랄 것이 없겠지만, 그렇지 못한 경우에는 신문을 믿었던 독자들은 큰 낭패를 볼 수 있다. 그렇기 때문에 독자는 신문의 기능을 잘 이해하고 있어야 한다. 그래야만 신문이 제 기능을 다 하도록 감시할 수 있을 것이다.

신문에는 크게 보도·논평·교육·오락 기능이 있다. 첫째, 보도 기능은 세상에서 벌어지는 모든 사실(fact)을 있는 그대로 사람들에게 알리는 기능을 말한다. 둘째, 논평 기능은 사건이 어떤 의미가 있는지, 어떤 시각으로 바라보아야 하는지 등을 알게 하는 기능을 말한다. 사회에서 일어나는 일들 중에는 전문가가 아니면 이해하기 힘든 일들도 있고, 옳고 그름을 판단할 수 있는 정보가 부족하여 판단하기 어려운 일들도 있다. 이 경우에는 칼럼이나 사설에 전문가들의 의견을 실어 국민들에게 올바른 판단 기준을 제공하기도 한다. 여러 신문의 논평을 읽다 보면 하나의 사건이 신문사의 입장에 따라, 글을 쓰는 사람의 관점에 따라 여러 각도로 해석될 수 있음을 알게 된다.

셋째, 신문은 생명들이 태양 빛을 받아 자라나듯, 읽는 독자들의 머릿속에 지식의 나무를 자라게 한다. 신문에 실리는 기사는 하루 약 300~350건에 이른다. 나무에 물을 주듯이 이러한 다양한 기사를 매일매일 읽으면 지식이 늘어날 수밖에 없다. 이러한 교육 기능 외에도 신문에는 오락 기능이 있다. 누구나 한 번쯤은 어릴 적에 신문의 만화를 찾아 읽었던 기억이 있을 것이다. 신문에 어렵고 전문적인 지식만 가득 차 있다면 많은 사람들의 사랑을 받기 힘들 것이다. 신문은 각종 스포츠 소식, 연예인, 만화, 인물, 책 소개 등 흥미로운 읽을거리를 제공한다. 이것이 바로 신문의 오락 기능이다.

신문을 읽을 때 이러한 기능을 일일이 따지면서 읽을 필요는 없지만 이런 신문의 기능을 알고 있다면 신문을 비판적으로 읽을 수 있고, 그들이 제 역할을 하고 있는지를 감시할 수도 있다.

이쯤에서 여러분의 머릿속에 '아이들에게도 이런 신문의 기능에 대해 일일이 알려주어야 할까?' 하는 궁금증이 떠오를 것이다. '이해하기 어려우니 일단 신문만 읽히자'라고 생각하는 사람도 있을 것이다. 하지만 신문을 스스로 읽고 이해할 수 있는 정도의 인지 능력을 갖춘 초등학교 고학년 학생이라면 신문의 기능을 알아둘 필요가 있다.

"아직은 몰라도 된다", "이해하기 어렵다"라며 넘어갈 내용은 아니라고 생각한다. 우리는 아무리 작은 가전제품을 사더라도 그 제품의 기능과 사용법에 대한 설명서를 읽는다. 하물며 '나'라는 인격을 형성하는 데

지대한 영향을 미치는 신문을 읽으면서, 신문이 어떤 기능과 영향을 가지고 있는지를 아는 것은 너무도 당연한 일이다.

그리고 신문의 기능을 알고 읽는 아이와 모르고 읽는 아이는 사고 능력을 높이는 효과가 다를 것이라는 것은 쉽게 예측할 수 있다. 그저 신문을 '정보를 얻는 것'이라는 생각을 가지고 접한다면 신문 안에 적혀 있는 각각의 사실에만 집중하게 된다. 하지만 우리 사회에서 일어나는 일은 그 사건 하나만 독립적으로 발생하는 일은 거의 없다. 사회에서 일어나는 모든 일에는 원인과 배경, 결과가 유기적으로 연결되어 있다. 기사를 읽으면서 그런 관계를 읽을 수 있다면 신문을 제대로 이해할 수 있을 것이다.

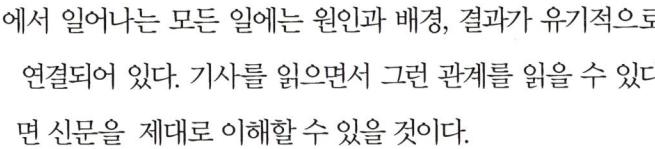

04 기사의 구조를 알면 기사의 핵심이 눈에 보인다

　신문기사는 보도기사, 해설기사, 의견기사로 나뉜다. 어떤 사건이 일어났을 때 일어난 일을 육하원칙에 맞게 객관적으로 쓴 기사를 '보도기사'라고 한다. 해당 사건이 발생한 배경, 원인 등을 짚어주거나 향후를 전망하는 기사는 '해설기사'라고 한다. 그 사건에 대해 논평을 하거나, 어떤 주장을 담은 기사, 즉 사설이나 칼럼 등은 '의견기사'라고 한다.
　이렇듯 기사가 전하는 내용에 따라 기사의 구조에는 차이가 있다. 신문을 읽을 때 이러한 차이를 아는 것은 매우 중요하다. 기사를 읽을 때 중점을 두고 읽어야 하는 정보가 다르기 때문이다.
　사실, 기사는 구조만 파악하면 그리 어렵지 않게 읽을 수 있다. 기사는 표제와 부제, 전문(기사의 첫 문장)만 잘 읽어도 기사의 내용을 대략 파악할 수 있다. 기자들이 그것이 가능하도록 쓰기 때문이다.
　기사는 어떻게 서술하는지에 따라서도 다르게 구별한다. 기사의 중요한 부분을 먼저 이야기한 후, 세부 사항과 흥미 사실을 설명하는 구조를 '역피라미드형'이라 한다. 누가, 언제, 어디서, 무엇을, 어떻게, 왜 했는지 등의 주요 사실을 앞부분에, 이 밖에 좀 더 구체적인 정보와 흥미 사실 등은 뒷부분에 서술하는 구조를 가지고 있다. 일반적으로 보도기사를 쓸 때 이 구조를 사용한다.

반대로 칼럼과 같이 서론, 본론, 결론으로 이어지는 구조를 '피라미드형 구조'라고 한다. 이 형태는 이미 학교에서 배운 주장글과 같은 구조이기 때문에 쉽게 이해할 수 있다. 기획 기사처럼 많은 내용을 담은 기사는 이 두 가지를 혼합하여 활용하기도 한다. 기사의 결론을 먼저 밝힌 후, 도입과 기사의 내용을 전개하는 혼합형 구조를 가지고 있다.

그런데 실제로 아이들이 기사를 이해하지 못하는 이유는 글의 구조나 핵심을 이해하지 못해서가 아니다. 안타깝게도 어휘 실력이 부족하여 기사의 내용을 이해하지 못하는 경우가 많다.

신문 지면상의 조건 때문에 표제는 조사나 불필요한 말이 삭제되어 있다. 어린이 책에서는 쉽게 볼 수 없었던 한자말도 많고, 여러 단체나 기구의 이름도 생소한데 심지어 줄임말로 표기되어 있으니 우리나라 말같지 않을 것이다. 더욱이 경제 용어는 영어 표현이 많아 더더욱 이해하기가 어렵다.

따라서 아이들이 기사를 읽기 위해서 선행되어야 하는 것이 바로 어휘를 익히는 것이다. 다행인 것은 처음에는 어려운 어휘 투성이지만, 차츰 눈에 익으면 읽을만 해진다는 사실이다. 그래서 기사를 읽기 시작하면서 가장 먼저 기본적으로 해야 하는 것은 '어휘 익히기'다.

어휘가 약하기 때문에 더더욱 신문의 구조를 아는 것은 효과적인 읽기와 요약에 큰 도움이 된다. 핵심 내용과 세부 내용을 구별할 줄 알고, 주장과 근거가 무엇인지 감을 잡을 수 있기 때문이다. 그렇게 되면 아이들이 이해하기 힘든 세부 내용을 읽느라 고생하지 않아도 되고, 생략해도 되는 내용을 요약하느라 힘들어 하지 않아도 된다.

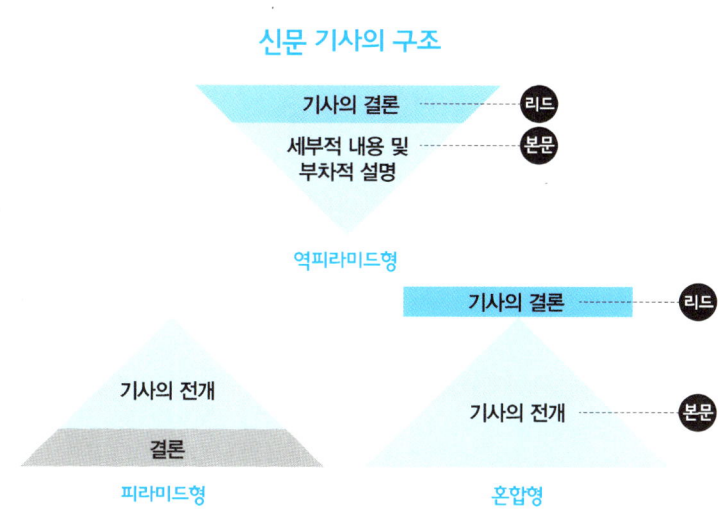

기사 제목은 신문사의 시각에서 결정된다는 것을 알게 하라 05

한 신문사에서 어머니 기자단을 위한 글쓰기 수업을 할 때였다. 강의 도중에 기사의 표제에 대해 이야기를 나누게 되었는데, 한 어머니가 자신의 에피소드를 이야기했다. 자랑하듯 말씀을 꺼내셨지만 신문이 어떤 과정을 통해 만들어지는지 알고 난 후에 무척 미안해했던 이야기이다.

그 어머니는 대표적인 보수 신문사의 기사 제목이 무척 마음에 들지 않으셨던 모양이다. 사건에 대한 기사 내용을 듣고 보니, 보는 관점에 따라 다르게 받아들일 수도 있는 사건이었다. 어머니는 기사 내용에 표제가 적합하지 않다고 생각했고, 더욱이 편견이 드러나는 표제라서 무척 불쾌했다고 한다.

화가 난 어머니는 용기를 내어 기사 말미에 쓰여 있는 기자의 이름을 확인하고는 신문사로 전화를 걸어 기자로서 중립을 지키지 못하고 편향된 제목을 붙였다는 이유를 들어 기자에게 따졌다고 한다. 항의하는 내내 담당 기자는 어머니의 이야기를 묵묵히 듣고 있었다고 한다.

어머니는 자신의 시민 정신과 용기를 무척 자랑스럽게 생각하셨다. 어머니의 행동은 정말 존경할 만했다. 대부분의 사람들은 마음에 들지 않거나, 편향된 기사가 실려도 그냥 넘어가기 일쑤이기 때문이다. 그러나 사실 어머니는 엉뚱한 사람에게 전화를 걸어 항의를 한 것이고, 이는 신문이 어떤 시스템으로 만들어지는지를 몰랐기 때문에 벌어진 일이었다.

아마도 그 취재 기자가 아무런 말을 하지 않은 이유는 많은 기사 중 자신의 기사에 관심을 가져 준 것에 대해 감사의 표시로 묵묵히 항의를 들어준 것이 아닌가 하는 생각이 든다.

신문기사는 취재 기자가 사건, 사고 현장에 나가 직접 취재를 한 후에 작성한다. 취재 기자는 기사를 작성한 후, 그 부서의 고참 기자에게 넘기고, 부장 기자는 부족한 부분이 없는지 다시 한 번 기사를 검토한 후에 수정을 한다.

이렇게 취재와 피드백을 마친 기사들은 편집부에 넘어가고, 편집부 기자는 그 기사의 내용을 함축하여 전하고자 하는 메시지에 가장 적절한 표제(기사 제목)를 달게 된다. 이때 표제는 해당 신문사의 관점에 부합하게 작성된다. 물론 객관적인 보도를 하는 것이지만 사건을 바라보는 관점은 신문사마다 조금씩 다를 수 있기 때문에 표제가 다른 것은 어찌 보면 당연한 일인 것이다.

기사 작성이 마무리되면, 부장 편집회의에서 그 기사의 가치가 결정된다. 사회, 경제, 정치 등 각 부의 부장들과 편집국장은 어느 기사를 1면 중앙에 실을 것인지, 어느 위치에 기사를 실을 것인지를 결정한다. 이때에도 신문사마다 차이가 있을 수 있다. 같은 사건이라도 기사의 위치가 다른 것은 바로 이 때문이다.

너무 지나치게 한쪽으로 치우친 보도는 문제이지만, 신문사마다 다른 관점이 있다는 것은 독자에게 오히려 더 좋은 일일 수도 있다. 사회 현상을 다양한 관점으로 바라볼 수 있기 때문이다.

대부분의 가정에서는 신문을 한 가지만 택하여 읽는다. 경제적인 이유도 있지만, 같은 내용일 텐데 두 가지나 보는 것은 낭비라는 이유에서일 것이다.

그런데 한 가지 신문을 읽다 보면 나도 모르게 그 신문의 논설위원이 되곤 한다. 사회에서 발생하는 문제들을 내가 읽어왔던 신문사의 관점에서 바라보게 되는 것이다.

보수 성향의 신문사는 사회 현상을 바라보는 눈이 당연히 보수적이고, 어떤 현상에 대한 논평도 그러할 수밖에 없다. 진보 성향의 신문 또한 진보적인 시각으로 보는 것이 진실이라고 생각하기 때문에 당연히 진보적인 관점의 사설을 싣는다.

이렇듯 신문의 성향을 무시한 채 아이들에게 한 가지 신문만을 계속 읽히는 것은 어느 한 쪽의 관점에서만 사회를 바라보게 하는 것과 다를 바 없다.

부모님들은 논술 공부에 도움이 된다는 생각에 집에서 보는 신문의 사설을 꾸준히 읽히지만, 이는 오히려 아이들의 사고를 좁게 만드는 결과를 낳게 된다.

'신문기사 몇 개 읽는다고 해서 아이들에게 그렇게 큰 영향을 줄까?' 하는 의심이 드는 분들도 있을 것이다. 하지만 놀랍게도 아이들은 본인이 읽는 신문의 내용만이 진실이라고 받아들이는 것을 알 수 있다.

이러한 현상은 아이들만이 아니라 어른들에게서도 똑같이 나타난다. NIE 수업을 통해 한 신문만을 읽는 것의 위험성을 직접 발견하고 나면 오히려 지금까지 자신이 이러한 사실에 둔감한 채 살아온 것에 깜짝 놀라곤 한다. 신문이 어떻게 만들어지는지를 알아야 하는 이유도 바로 이 때문이다.

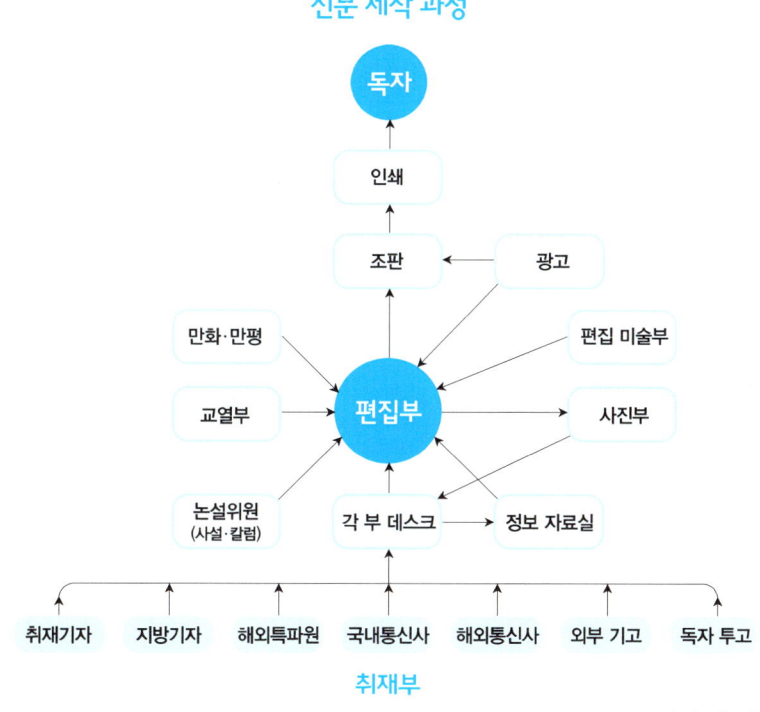

*출처 : 신문협회

창의력, 논리력을 키워주는 신문 활용 교육

06

신문 활용 교육에 대해 이제는 많이들 안다고 생각했지만, 아직도 신문 활용 교육하면 많은 사람들이 '아, 그 신문 오려 붙이는 활동이요?'라며 되묻는다. '학교에서 공부는 안하고 NIE를 한다면서 신문을 오려 붙이고 있더라'며 화를 내는 학부형을 본 적도 있다. 그 어머니는 NIE를 통해 우리 아이들이 무엇을 얻게 되는지가 중요한 것이 아니라 가위질을 하고 있다는 것 자체에 화가 난 듯했다.

사실 아이들이 활동해 놓은 결과물만 보면 허접해보이기도 하고, 성의 없어 보이기도 하는 것은 사실이다. 아이들이 아무거나 오려 붙이고 대충한 것이라는 의혹의 눈초리를 충분히 이해할 수 있다.

그래서 나는 강의를 할 때 아이들의 작품을 보여주면서 이 결과물을 만드는 데 얼마의 시간이 걸렸으며, 아이들이 어떤 모습으로 활동하는지를 자세히 설명한다. 그리고 엄마들도 똑같은 활동을 하도록 해서 그 과정이 그리 녹록치 않은 과정임을 알게 한다.

실제로 활동을 하고 나면 엄마들은 '머리가 핑핑 돈다'면서 NIE가 보는 것과 하는 것이 이렇게 다를 줄 몰랐다고 말한다. 이렇듯 NIE는 오해를 많이 받는 교육이다.

신문 활용 교육은 'Newspaper In Education'의 앞 글자를 따서 'NIE(엔아이이)'라 불린다. 신문 활용 교육은 크게 신문의 구성 요소를 활용하여 다양한 활동을 하는 방법과 신문 자체에 대해 배우고 신문을 만드는 방법으로 나누어진다. 이 두 가지 모두 궁극적으로는 아이들의 창의적, 논리적 사고력을 키우고, 읽기 능력과 정보 활용 능력을 키우기 위한 활동이라 할 수 있다.

먼저, 신문의 구성 요소인 기사, 사진, 광고, 만화를 활용하는 방법에는 학습 목표에 따라 무척 다양한 활동이 있다. 신문 구성 요소를 활용한 활동은 아이들이 큰 어려움 없이, 거부감 없이 참여할 수 있다.

예를 들어 기사를 읽고 느낀 점을 쓰거나, 요약하는 활동과 광고의 일부분을 이용하여 창의적인 아이디어를 내거나, 광고가 주장하는 내용을 알아보는 등의 활동들이 있다. 특히 만화와 사진 등 이미지를 활용하는 활동은 아이들이 무척 재미있어 한다.

그리고 이러한 활동들을 모두가 함께 하더라도 학생들의 경험과 취향에 따라 결과물이 모두 다르며, 같은 주제의 활동이라도 기본적인 활동과 심화 활동 등 학생들의 인지 발달에 따라 차이를 두고 적용할 수 있다. 그렇기 때문에 정답이 없어 다른 아이의 활동 내용과 비교할 수 없으며, 평가에서 자유로울 수 있다. 수업에 참여한 친구의 작품은 모두 최고로 인정받고, 열심히 한 모두가 칭찬받을 수 있다는 장점이 있다.

반면에 신문 제작 활동은 어느 정도 전문적인 지식을 요한다. 신문 기획에서부터 취재, 기사 작성, 사진, 광고, 면 구성, 기사 편집까지 많은 노력과 집중력을 요하는 활동이기도 하다.

신문이라는 결과물을 만들어 내기 위해서는 기획 단계가 무척 중요하다. 어떤 주제의 신문을 만들고, 어떤 내용의 기사를 쓸 것인지, 기사 구성과 전개는 어떻게 할 것인지 등과 같은 기획을 잘 해야만 좋은 신문을 만들 수 있다.

기사를 쓰기 위해서는 직접 취재를 다니며 많은 사람들과 인터뷰도 하고, 수많은 자료를 검색한 후 그 내용을 근거로 기사를 작성한다. 이 과정에서 신문이라는 결과물을 만들어 내기 위해서는 많은 준비와 노력이 필요하다는 것을 깨닫고, 자신이 쓴 기사에도 책임감을 갖게 된다.

아이들이 만드는 신문이 전문가들이 만든 것처럼 완성도가 높지는 않겠지만, 처음부터 계획을 세워 인내와 끈기를 가지고 만들기 때문에 기획력과 지구력, 창의력, 논리력을 모두 기를 수 있다는 장점이 있다.

또 신문은 아이들의 교과 학습의 부재료로도 사용된다. 신문은 매일 매일 새로운 소식을 담고 있기 때문에 몇 년에 한 번 발행되는 교과서를 보완할 수 있는 살아 있는 교과서라 할 수 있다. 그리고 무엇보다도 신문을 활용한 수업을 통해 아이들은 사회 속에서 살고 있는 '나'를 느끼게 된다.

아직 우리 아이들은 자신이 이 사회를 함께 가꾸고 지켜 나가야 하는 사회 일원이라는 것을 실감하지 못한다. 초등학교 3학년부터 사회 교과를 배우지만 교과서에서 보는 사회는 외워야 하는 지식이고, 사회 문제는 다른 사람이 해결해야 하는 문제라고 생각하는 경향이 있다. 그렇기 때문에 아이들은 사회 과목을 어려워하고 싫어한다. 하지만 신문 속의 사회는 내가 포함되어 있는 사회이고, 나에게 바로 영향을 끼칠 수 있는, 나와 밀접한 사회이다. 신문기사를 통해 자기가 사회 속에 있다는 것을 느끼게 된다. 한마디로 신문은 교과서와 현실을 이어주는 매개체라고 할 수 있다.

엄마와 함께 만드는 NIE 활용 능력 3단계

07

'대입 논술이나 구술 면접 준비에 신문 읽기가 도움이 된다'

'아이들의 학습 능력을 높이고, 서술형 시험 준비에 신문 활용 교육이 효과적이다'

등과 같은 기사가 한동안 연일 보도되었다. 이러한 내용의 기사를 접하는 부모들은 신문 읽기도 가르쳐야 하는 것인지, 우리 아이는 신문을 읽지 않는데 그래도 괜찮은 것인지 불안해진다. 좋다고 하니 읽혀야 할 것 같으면서도, 공부를 해야 할 시간에 아이가 신문을 읽는 것은 마음에 내키지 않으니, 신문은 이러지도 저러지도 못하는 학부모의 딜레마인 셈이다. 실제로 한 학생은 신문을 읽고 싶어 했는데 엄마가 공부를 하라면서 못 읽게 했다고 한다.

신문을 제대로 읽어 내기까지는 많은 배경지식이 필요하고, 그 배경지식은 하루아침에 생기는 것이 아니기 때문에 오랜 시간을 투자해야 한다. 그런데 잠시 시간을 내서 신문을 읽는 것도 버거운 것이 요즘 아이들의 생활인 것을 감안하면, 아무래도 아이들은 신문과 친근해지기 어려울 것 같은 생각이 든다. 그래도 신문을 읽어야 한다는 생각에 엄마가 도와줄까도 생각해보지만 신문을 어떻게 활용해야 하는지를 몰라 답답하기만 할 것이다.

이때 할 수 있는 것이라고는 그저 아이에게 무턱대고 신문을 읽으라고 강요하는 것인데, 모두가 알고 있듯이 억지로 읽으라고 강요하는 것은 신문과 더 멀어지라고 부채질하는 것과 같다.

손가락을 움직여 마우스를 클릭할 힘이 생기면서부터 바로 컴퓨터를 접했던 요즘의 아이들에게 신문은 읽기 지루하고 어려운 존재이기만 하다. 이런 신문과의 거리를 좁히고, 신문을 공부하듯이 읽는 것이 아니라 즐겨 읽는 방법은 없을까?

신문과 친해지는 시간이 필요하다

일반적으로 낯선 사람을 처음 만나서 친구가 되기까지의 과정을 떠올려보자. 인사를 나누면서 눈으로는 상대를 탐색하느라 바쁘다. 나이는 몇 살이나 되었는지, 무엇을 하는 사람인지, 나와 비슷한 점이 있는지 등……. 즉, 그 사람에게 적응하는 시간이 필요한 것이다. 신문도 마찬가지다. 신문에는 어떤 것들이 들어 있는지, 무엇에 쓰이는 것인지, 신문을 읽는 것이 나에게 도움이 되는 것인지 등을 알아 가는 과정이 필요하다.

그리고 친구와 밥을 먹거나 무엇인가를 함께 하게 되면 친하게 되는 것과 같이, 신문을 그냥 읽고 마는 것이 아니라 신문에 있는 모든 것들과 친해지는 활동을 하는 것이 좋다.

처음에는 주로 신문의 이미지를 활용하는 것에서부터 시작하도록 한다. 아이들이 신문을 접하기 두려워하는 이유는 한 번도 접한 적이 없는 작은 글씨와 빡빡하게 들어 있는 기사의 양 때문이다. 그렇기 때문에 처음에는 큰 노력을 하지 않아도 쉽게 찾을 수 있고, 이해하려고 노력하지 않아도 큰 어려움 없이 이해할 수 있는 이미지를 이용하는 것이 좋다.

신문에 실리는 이미지에는 광고와 사진, 만화가 있는데, 아이가 습관처럼 광고나 사진을 유심히 보게 되는 것만으로도 신문 읽기의 반은 성공이라고 해도 과언이 아니다. 왜냐하면 아이들은 이미지를 찾느라 신문을 뒤적이지만 실제로 이미지만 찾지는 않는다. 이미지를 찾고자 하는 눈길 사이사이에 시선을 끄는 기사 제목이나 사진이 닿게 된다. 그러다 보면 자연히 그에 관련된 기사를 읽게 마련이다.

그러면서 그 옆에 있는 기사도 훑어보게 되고, 그렇게 한 장 한 장 신문을 넘겨 가면서 표제만 대충 읽어 가는 것이 신문과 친해지는 수순이고, 신문 읽기 첫 단계의 성공이다.

친해지려면 알아야 한다

'아는 만큼 보인다'는 말이 있다. 신문의 특징, 신문이 만들어지는 과정, 신문의 구조, 명칭 등을 알아야 하는데, 이를 말로 풀어서 설명하면 아이들은 이내 하품을 하고 말 것이다. 요즘은 이에 대한 동영상이나 시각 자료를 쉽게 찾을 수 있다. 영상 수업에 익숙한 아이들에게 효과적인 미디어 매체를 활용하는 것도 하나의 방법이다.

> 한국언론진흥재단의 미디어 포털사이트 '포미' http://www.forme.or.kr
> 한국신문협회 http://www.presskorea.or.kr
> 신문박물관 http://www.presseum.or.kr

이제 신문을 읽자

이렇게 신문과 친해지고, 신문에 대해 자세히 알았다면 이제는 기사에 집중하여 읽게 하자. 그렇다면 처음 기사를 읽는 아이들에게 어떻게 알려주어야 할까? 오히려 이 부분은 어른이 생각하는 것보다 아이들이 더 쉽게 받아들인다고 할 수 있다. 국어 시간에 배운 읽기의 방법과 같은 방법으로 읽는 것임을 기억하도록 한다.

초등학교 국어 시간에 글은 어떤 목적을 가지고 썼는지에 따라 그 글을 읽는 방법이 다르며 설명문, 주장글, 시, 소설 등 다양한 갈래별로 읽는 방법 또한 다르다는 것을 배운다. 신문기사를 읽는 것도 결국 글을 읽는 것이다. 단지 다른 것이 있다면 글의 갈래로 나누어지는 것이 아니라 기사의 종류로 나누어진다는 것이다. 기사는 크게 보도기사, 의견기사, 해설기사 등으로 나누어지는데, 독자에게 전하려고 하는 정보에 따라 내용과 구성이 조금씩 다르다.

예를 들어 보도기사는 새로운 정보 전달을 목적으로 쓰인 글이다. 그렇기 때문에 새로운 정보가 무엇인지, 언제, 누가, 어디서, 어떻게 일어난 일인지, 왜 일어난 것인지를 파악하면서 읽어야 한다. 또 사설이나 칼럼과 같은 의견기사는 말 그대로 의견이 들어가 있는 글이기 때문에 주장과 근거를 찾으면서 읽거나, 그 주장이 타당성이 있는지를 판단하면서 읽어야 한다.

신문에 실리는 광고, 만화 또한 전하고자 하는 정보가 다르기 때문에 읽는 방법이 다르다. 이렇듯 각 기사들이 가지고 있는 성격과 쓰인 목적에 대해 이해하게 되면, 어떻게 읽는 것이 좋은지 파악할 수 있게 된다.

신문 읽기를 처음 시작하는 아이에게 이런 읽기 방법을 설명해야 하는 이유는 배경지식 때문이다. 어른들이 읽기 방법에 특별한 신경을 쓰지 않아도 기사를 읽는 것이 어렵지 않은 이유는 어른들의 읽기 능력이 더 뛰어난 것도 있겠지만, 무엇보다도 배경지식이 풍부하기 때문이다.

배경지식은 글을 읽으면서 바로 이해할 수 있는 바탕이 된다. 어른들도 사회면에 비해 경제면이나 신기술에 대한 기사를 읽는 것이 더 어려운 이유는 배경지식이 없는 분야의 글이기 때문이다.

아이들의 경우도 마찬가지다. 우선 사회에 대한 배경지식이 부족하고, 읽기 능력이 떨어지기 때문에 글의 내용이 이해되지 않는 경우가 많다. 또 기사가 무엇을 이야기하는 것인지 알 수 없으므로 읽기가 더욱 힘들고, 읽고 싶은 마음도 생기지 않는다.

그렇기 때문에 신문기사를 읽기 시작하는 아이들에게는 먼저 기사의 형식을 파악하고, 무엇을 중점으로 읽어야 한다는 방법을 알려주는 것이 좋다. 그러면 어려운 가운데에서도 조금씩 읽는 요령을 익히게 되고, 그러면서 관심 있는 분야에 대한 배경지식이 쌓이면서 신문 읽기에 대한 재미를 느낄 수 있다.

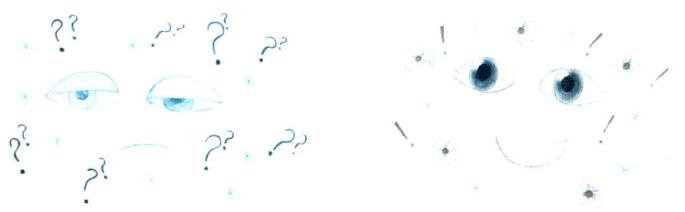

NIE 활동 01

빙고게임.
신문에 무엇이 있는지 함께 놀이를 해봐요

BINGO

　엄마와 함께 신문 읽기를 처음 시작하였을 때, 재미있게 할 수 있는 활동이다. 신문을 읽기에 앞서 먼저 신문에 대해 설명하는 시간을 갖게 되는데, 신문을 펼쳐놓고 사회면, 경제면 등 각 면의 구성을 확인하고, 제호와 돌출 광고 등과 같은 각각의 명칭을 설명하였을 것이다. 또 기사, 만화, 광고, 사진 등 신문의 구성 요소에 대한 이야기 나누었을 것이다.

　신문 살펴보기를 마친 후에 설명해준 내용들을 기억하는지 바로 질문을 한다면 아이들은 또 하나의 공부라 생각하고 다시는 신문을 보고 싶지 않을 것이다. 하지만 신문에서 보았던 것을 모두 떠올릴 수 있는 놀이로 연결하면 아이들은 들었던 내용들을 기를 쓰고 기억해 내려 할 것이다. 이러한 활동을 통해 앞으로 내가 늘 읽어야 할 신문에는 어떤 면들로 구성되어 있는지, 신문 속에는 다양한 읽을거리와 볼거리가 있다는 것을 다시 한 번 기억하게 된다.

활동 방법

❶ 게임을 하기 전에 아이가 신문 속에 들어 있는 것들을 자유롭게 이야기하도록 한다. 예) 제호, 광고, 만화, 일기예보 등

❷ 아이가 떠올리지 못할 경우에는 엄마가 먼저 몇 가지를 이야기해서 아이가 기억해 내도록 돕는다.

❸ 칸을 나누어, 엄마와 아이가 각자 자기의 빙고칸을 채운다.

❹ 빙고 3줄이 먼저 나온 사람 승리!

퀴즈! 퀴즈!
기사를 꼼꼼히 읽고, 퀴즈로 풀어봐요

이 활동은 처음 기사를 읽으면서 할 수 있는 간단한 활동이다. 기사의 내용에 대한 질문을 만들고, 그에 대해 답을 하는 방법이다. 이렇게 퀴즈를 내는 이유는 기사 내용을 외우게 하려고 하는 것이 아니라 기사의 내용을 꼼꼼히 읽으면서 주요한 사실이 무엇인지 알도록 하기 위해서다. 그리고 이 활동의 가장 주된 목표는 아이와 엄마가 함께 기사를 읽으며 대화를 나누는 것이다.

아이가 퀴즈를 내다 보면 이해가 되지 않거나 궁금한 것이 생기게 마련인데, 이때 엄마에게 물어보게 되고, 엄마와 대화를 하면서 그에 대해 더 알고자 하는 동기를 유발시킬 수 있다.

이때 엄마가 모두 가르쳐주어야 하는 것이 아니다. 엄마도 모르는 것이 있다면 아이와 함께 자료를 찾아서 알아 가면 된다. 이렇게 지적 호기심을 유발시키고, 그 호기심을 충족시켜 나가면서 학습 방법을 터득하고, 사고 능력이 향상되는 것이다.

처음에는 엄마가 문제를 내고, 아이가 맞추는 것이 좋다. 아이들은 엄마가 내는 퀴즈를 무척 좋아하기도 하고, 기사를 읽고 문제를 내는 것이 그리 쉬운 일은 아니기 때문이다. 아이가 꼭 읽었으면 좋겠다고 생각한 기사가 있다면 미리 표시를 해 두어 그 기사를 읽도록 하고, 그 기사에 대한 내용을 퀴즈로 출제하여 알아맞히도록 한다. 반대로 아이가 퀴즈를 내도록 한 후 엄마가 알아맞히기를 하거나 친구와 함께 할 경우는 서로 바꾸어 풀도록 하는 방법도 있다.

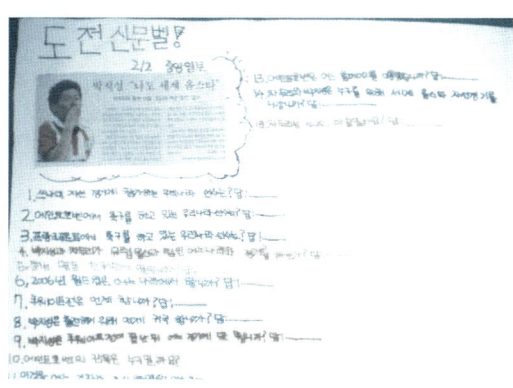

활동 방법

❶ 엄마와 아이, 각자 관심 있는 기사를 선택한다.

❷ 기사를 읽으면서 중요한 사실이나 새로 알게 된 사실에 밑줄을 치며 읽는다.

❸ 밑줄 친 단어와 문장이 답이 되도록 퀴즈를 낸다.

❹ 서로 기사를 바꿔 읽는다.

❺ 자기가 낸 퀴즈를 소리 내어 설명하고, 상대는 이 퀴즈의 답을 알아맞힌다.

2

인성을 길러주는
신문,
창의성을 키워주는
신문

인성교육의 베이스캠프, 신문

01

'**인성**'이라는 말을 사람에 비유한다면, '항상 그 자리에 존재하고 있지만 너무 조용해서 존재감이 없는 친구, 하지만 그 친구가 그 자리에 없다는 것은 상상할 수 없는 그런 든든한 친구'라고 표현할 수 있을 것이다. 인성은 말조차 너무 밋밋해서 자칫 잊혀진 것이 아닌가 하며 챙겨야 하는 단어이기도 하다. 그런 인성이 요즘 다시 뜨고 있다. 반짝 스타처럼 등장했던 다른 현란한 단어를 제치고 은은하게 그 빛을 발하고 있는 것이다.

인성의 사전적 의미는 '사람의 성품', '인품'이다. 그렇다면 성품은 또 무엇인가? 또 인품은? 이렇듯 인성을 설명하려다 보면 성품, 인품, 품격, 됨됨이, 인간성, 도덕성 등 다양한 용어들이 얽히기 마련인데, 이런 단어들을 조합하여 한마디로 표현하기보다 '아, 인간이라면 갖추어야 하는 어떤 것이구나' 하며 이심전심으로 고개를 끄덕이는 정의를 내리게 될 것이다.

하지만 인성을 그냥 아는 것이 아니라 교육을 하기 위해서는, 또 어떻게 키울 수 있을 것인지에 대해 논하기 위해서는 정확한 개념을 알아야 할 필요가 있다.

인성에 대해 여러 학자들은 다양한 관점에서 정의를 내리고 있다. 그 정의들을 종합해보면, 인성은 지극히 개인적인 특성이지만 개인만의 노력에 의해 형성되는 것은 아니라고 한다. 또 인성교육은 전인교육의 의미를 담고 있기 때문에 개인의 성장과 함께 사회와 조화롭게 살 수 있도록 평생에 걸쳐 이루어져야 하는 교육이라고 정의하고 있다.

학교 교육과정에서는 이러한 정의에 맞추어 인성교육을 실현하고자 하지만 실제로는 인성교육의 부재가 심각한 지경에 이르렀다는 것은 누구나 다 아는 불편한 진실이다. 현재와 같은 교육 조건에서는 어쩔 수 없는 선택이었다고 이야기하지만 정확하게 언제부터, 어떻게, 왜 인성교육이 잘못되고 있는지 그 이유를 짚고 넘어가야 할 것 같다.

지금까지도 우리의 생각과 행동에 큰 영향을 미치고 있는 조선 시대에는 유교적인 가르침이 곧 생활윤리이자 인성교육 자체였다. 먼저 자기 자신을 다스리고 인격을 쌓는 것을 최우선으로 하였고, 인성과 지식이 일치하는 학문을 추구하였다.

하지만 개화기를 거쳐 서구 학문이 들어오면서 지식교육과 인성교육은 이원화되기 시작했다. 교육 체제가 변화되었고, 기존의 인성교육과는 완전히 다른 형태의 인성교육, 즉 지금과 같이 학교라는 특정한 곳에서 도덕이라는 교과를 통해 지식으로 교육받게 되었다.

학교는 학문을 배우는 곳 이전에 인간으로서 갖추어야 하는 인성교육을 근간으로 하고 있다. 모든 선생님들 또한 학생들에게 교과적인 지식 전달 못지않게 인격 형성을 위해 교육을 하고 계신다. 그래서 대부분의 학부모들은 인성교육은 학교에서 이루어지고 있으며, 또 학교에서 이루어져야 한다고 믿고 있다.

그런데 모두가 항상 하고 있다고 믿고, 누군가는 하고 있을 것이라는 믿음은 인성교육을 소홀히 하는 빌미가 되었다. 또 빠듯하게 진도를 맞추어야 하는 선생님들로서는 아무래도 인성교육을 도덕 교과로 미루게 될 수밖에 없는 것이다.

따로 도덕 시간이 있다고는 하지만 인성교육이 학생의 성장과 함께 늘 이루어져야 하는 교육인 점을 감안한다면 도덕 시간만으로는 부족하다. 그뿐만 아니라 지금의 도덕 교과에서는 성실과 책임, 배려, 정직 등과 같은 특정한 덕목만을 강조하고 있어 인간의 삶에 필요한 덕목이라 하기에는 턱없이 빈약하다.

이렇게 지식으로 교육을 받게 되면서 인성은 지식일 뿐 삶을 살아가는 데 꼭 지켜야 하는 원리로 이어지지 않았고, 치열한 대학 입시 때문에 학교에서는 인성교육이 장기적이고 체계적으로 이루어지지 않고 있다.

더욱이 2011년부터 2009 개정 교육과정이 적용되어 집중 이수제가 실시되면서, 학교장의 권한으로 중학교 1, 2, 3학년에 걸쳐 배울 내용을 1년 안에 모두 이수할 수 있게 하였다. 도덕 교과도 이에 해당되어 1년만에 모두 배우고, 그 밖의 기간은 아예 도덕 자체를 배우지 않을 수도 있다. 이는 인성교육을 삶의 실천 원리로 생각하는 것이 아니라 지식으로만 보는 단적인 예라 할 수 있다.

　인성교육에 대한 인식이 좋지 않은 것 또한 인성교육이 장기적으로 이루어지지 않는 이유가 되고 있다. 현재 학교에서 하고 있는 인성교육은 징벌적 교육의 성격을 띠고 있다. 체벌이 금지된 학교에서는 학생이 잘못을 저질렀을 때 체벌 대신 벌점을 받게 되는데, 이렇게 해서 벌점을 많이 받게 된 아이들이나 문제를 일으킨 학생들을 따로 모아 인성교육을 시키고 있다.

　이는 인간다움을 갖추기 위한 계획적인 교육이라기보다는 문제아를 치유하거나 벌을 주기 위한 단발적인 교육이 되고 있어 오히려 아이들로 하여금 인성교육에 대한 반감을 갖게 하는 결과를 낳았다.

　가정의 형태 변화 또한 인성교육의 부재를 유발하는 데 한몫을 하고 있다. 한 부모 가정, 맞벌이 가정의 증가로 아이들은 많은 시간을 보육시설에 맡겨지게 된다. 그럴 경우 대부분 종일반 유치원이나 방과 후 학교에서 지내게 되는데, 현실적으로 보육은 되지만 인성교육까지는 이루어지지 않고 있다고 한다.

　이러한 총체적인 인성교육의 부재와 문제점들은 심각한 사회문제라는 부메랑이 되어 돌아왔다. 꽃도 피워보지 못한 학생들의 좌절, 의욕 상실, 과연 인성을 가진 아이일까 싶을 정도의 탈선 행위들은 이제 흔한 사회문제가 되어 버렸다.

　인성교육은 학교에서만 이루어지는 교과목이 되어서는 안 된다. 누군가 책임을 맡아서 해야 하는 교육도, 어느 기간을 정해서 하는 교육이 되어서도 안 된다. 학교, 가정, 사회 모두의 공동 책임 아래 인성교육이 이루어져야 한다.

02. 21세기형 리더가 갖추어야 할 최고의 덕목, 인성(人性)

　토끼와 거북이가 달리기 시합을 하는데, 토끼는 경기 도중 멀리 뒤쳐진 거북이를 보고 자만하여 중간에 낮잠을 자고, 거북이는 좌절하지 않고 꾸준히 노력해서 우승했다는 '토끼와 거북이' 이야기는 '거북이처럼 항상 노력해야 한다, 토끼처럼 자만하면 안 된다'는 교훈을 알려주기 위해 우리의 부모님들이 들려주셨던 이야기다.

　그런데 우리 아이들이 배우는 토끼와 거북이 이야기는 조금 다르다. 거북이는 조용히 지나가지 않고 자는 토끼를 깨웠고, 토끼는 낮잠에 빠진 자기를 두고 갈 수 있었지만, 하지 않은 거북이에게 감동을 받아 거북이와 함께 손잡고 결승점에 들어간다.

　이 이야기는 21세기 인성교육의 목표를 보여주는 대표적인 예이다. 친구가 잠들었다고 그냥 지나치는 것은 함께 살아가야 하는 지구촌 사회에서 어울리지 않으며, 정당하지도 않다는 것이다.

21세기를 살아가는 우리 아이들에게 가장 필요한 덕목은 상생이다. 즉, 함께 살아가는 사회이다. 하루가 다르게 발전하는 기술 혁신과 정보화 시대, 다원화, 국제화 사회에서 강조되고 있는 인성교육의 목표다. 이는 창의적인 아이디어와 효율성도 인성이 바탕이 되어야 한다는 것으로, 인성을 제대로 갖추지 않은 창의적인 인재에 대한 조심스러운 걱정에 따른 것이다. 지식 기반 사회에서 유용한 정보는 넘쳐나는데, 인성이 결여된 인재들이 그 지식들을 자신만을 위하여 사용하게 되는 것은 생각만 해도 오싹한 일이 아닐 수 없다. 그렇기 때문에 21세기 인성교육은 나에게 이익이 된다고 해도 그로 인해 다른 사람이 불행해진다면 과감히 선택하지 않는 사람을 길러 내는 교육이어야 한다.

그렇다면 이러한 교육은 어떻게 시작해야 할까?

우선 아이가 자신의 모습과 위치를 정확하게 파악하도록 하는 데에서부터 출발해야 한다. 내가 누구인지, 나는 어디에 속해 있는지 등과 같이 자신의 내면을 들여다보도록 하는 것이다. 그런 다음, 지금 다른 사람과 어떤 관계를 맺고 살고 있으며, 앞으로는 어떤 관계를 맺고 살고 싶은지도 생각해보도록 해야 한다. 자기를 둘러싼 사람들은 물론이고, 자연에 이르기까지 그것들과 어떤 관계를 맺고 살 것인지를 고민하는 시간을 갖게 하는 것이 바로 인성교육의 시작이다.

인성 교육은 일회성으로 끝나면 안 된다. 학교와 가정에서 매일매일 이루어져야 하고, 지식을 앎과 동시에 실천으로 이어지도록 해야 한다. 그렇게 하기 위한 방법으로 NIE는 인성교육에 있어서 더욱 돋보이는 방법이다.

03 NIE로 할 수 있는 5가지 인성 지도 원리

지금까지 이야기한 인성교육의 필요성과 원리, 목표를 잘 이해하였다면 인성교육을 왜 신문으로 해야 한다고 주장하는지 어느 정도 감이 잡힐 것이다. NIE로 인성교육을 하고자 하는 이유는 무엇보다 동기 유발에 효과적이기 때문이다.

인성교육이 실천 원리로 이어지게 하기 위해서는 롤 모델, 즉 본받을 만한 위인들의 삶이 필요하다. 물론 롤 모델을 꼭 신문을 통해서만 찾을 수 있는 것은 아니다. 아이들은 교과서에서 테레사 수녀, 간디와 같은 위인들의 삶을 통해 어려운 사람들을 돕는 사랑을 배우고, 역경을 극복해 내는 용기 등을 배우게 된다. 하지만 그들의 삶을 실천 원리로 삼아 행동으로 옮기기에는 아이들의 삶과 너무 멀고 현실감이 부족하다. 그들의 이야기를 읽으면서 아이들이 존경심은 가질 수 있지만, 직접적인 행동을 이끌어 내기는 어렵다.

그러나 신문 속의 인물들은 다르다. 오가다 만났던 옆집 아저씨, 시장에서 만났음직한 할머니들, 자기 또래 친구들의 이야기가 실린다. 이런 친근한 이들이 어떻게 어려움을 극복했으며, 남을 돕기 위해 어떤 노력을 하였는지에 대한 이야기를 들으면, 그들이 해낸 것처럼 나도 할 수 있다는 희망을 갖게 될 뿐만 아니라, 하고 싶다는 동기도 부여된다.

현실에서는 일어나지 않는 동화처럼, 꾸며진 이야기처럼 들리던 이야기들이 신문을 통해 현실로 다가오는 것이다. 이렇듯 신문에 실리는 다양한 삶은 아이들이 동일화하고 싶은 역할 모델을 제시하게 된다.

또 신문이 매일 새로운 소식을 지속적으로 우리에게 전해준다는 것 또한 인성교육에 활용하는 좋은 이유가 된다. 어릴 적부터 익히 들어왔던 뻔한 옛 이야기가 아니라 지금 나와 같은 세상을 살아가는 이들의 이야기를 생생하게 들을 수 있기 때문이다.

이제부터 인성교육을 하기 위해 아이와 할 수 있는 활동 원리를 몇 가지 소개하고자 한다. 이 원리를 기본으로 하여 다양한 활동을 이끌어 낼 수 있다.

1. 자기성찰하기

자기가 누구이며, 어떤 위치에 있는지 성찰하기 위한 활동이다. 예를 들어 그날의 기사 중 Best 기사와 Worst 기사를 뽑거나, 감동을 받은 기사, 불쾌했던 기사, 나를 슬프게 하는 기사, 기쁘게 하는 기사 등 자기 나름의 기준을 정하여 기사를 찾고 의미를 부여해본다. 이 활동을 통해 주로 자신이 어떤 일들에 기쁨을 느끼고, 어떤 일을 슬프게 생각하는지를 파악하면서 자기의 마음을 살펴볼 수 있을 것이다.

또 신문의 구성 요소인 광고나 표제, 이미지를 활용하여 마음껏 자기 자신을 표현하는 활동을 할 수 있다. 신문에서 자기를 상징화할 수 있는 것들을 찾기 위해서 아이들은 이 활동을 하는 내내 자기성찰을 해야 하기 때문이다. 나는 무엇을 좋아하는지, 어떤 인물을 존경하는지, 어떤 삶을 살고 싶은지 등 수많은 생각을 하면서 활동을 하게 된다.

2. 관계 짓기

두 사람이 기댄 모습을 형상화한 글자인 '人'에서도 볼 수 있듯이 우리는 홀로 설 수 있는 존재가 아니다. 우리는 늘 누군가와 관계를 맺고 살고 있다. 그렇기 때문에 우리는 사회 속에서 나와 사회와의 관계성을 확인하고 이해할 필요가 있다. 그래서 신문을 읽고 직·간접적인 영향을 주고받으면서 사회 속에 살고 있다는 것을 의식적으로 느끼도록 한다.

3. 동일화하기

동일화는 주변 인물이나 사물에게 이입과 대입을 하면서 그들과 나를 일치시키는 과정 또는 일치되는 것을 의미한다. 일반적으로 주변 인물과 동일화를 이루었을 때 타인을 가장 잘 이해하게 되고, 또 그 이해는 자신의 행동을 변화시킨다. 그렇기 때문에 행동을 변화시키고자 한다면 타인과의 동일화가 가장 먼저 이루어져야 한다.

동일화를 할 때는 신문 속의 인물이 되어서 '나였다면 기분이 어떨까?', '나라면 문제를 어떻게 해결했을까?'와 같은 질문을 만들어 그 질문에 답해 보도록 하는 방법이 있다.

4. 실천으로 연결하기

자신의 인성을 그대로 생활 속에서, 특히 다른 사람과의 관계 속에서 표현하고 실천하였을 때 인성교육이 완성된다고 한다. 아이들을 실천으로 이끌기 위해서는 자신이 실천했을 때의 모습을 상상하게 하고, 그 감정을 기억하게 하여 실제 생활에서 실천으로 이어지도록 해야 한다. 실천으로 옮기기 위한 구체적인 계획을 세워 보거나, 실천으로 옮기고 난 후 느낀 점을 글로 남기도록 한다.

5. 모델링하기

인성은 지식으로 배우는 과정에서 습득하는 것이라기보다는 가치 있다고 생각되는 행동을 하는 과정에서 형성되는 것이다. 그렇기 때문에 올바른 가치를 지향한 모델을 보면서 따라 할 수 있도록 하는 것이 중요하다.

옳은 행동, 가치 있는 행동, 소신을 가지고 끝까지 뜻한 바를 이룬 사람 등 계획한 일을 끝까지 실천한 사람들은 인성교육에 더할 나위 없이 좋은 모델이 된다. 신문에는 세계 곳곳에서 훌륭한 일을 하는 인물들이 소개되고, 또 꼭 위인이 아니더라도 자기의 위치에서 최선을 다하는 이들에 대한 이야기들이 실린다. 그런 이야기를 읽으면서 아이들도 그러한 삶을 사는 꿈을 키워 나갈 수 있다.

04 NIE는 가장 좋은 심리 치료사

학교에서 NIE 수업을 하다 보면 뜻하지 않게 아이들의 속마음을 읽게 되기도 한다. 평소에는 말로 표현하지 않았던 것들이지만 활동을 하면서 드러나게 되는 것이다. 그리고 아이의 활동 결과물을 보면 집에서 이 아이가 평소에 어떤 소리를 듣고 있는지가 그대로 나타나기도 하는데, 그럴 때면 우리 아이들도 이렇게 생각할 수 있겠구나 싶어 스스로 반성하기도 한다.

한 중학교에서 있었던 일이다. 평소 명랑한 3학년 여학생이 있었다. 그 학생이 어느 날 병원에 다녀왔다고 했다. 겉으로 보기에는 멀쩡해보였기 때문에 무심코 어디 아프냐고 물었는데, 뜻밖에도 큰 수술을 앞두고 있다고 했다.

이유는 학교에서 짝꿍이 장난을 치느라 의자를 몰래 빼냈는데, 그것을 모르고 앉았다가 그만 고관절이 부러졌다는 것이다. 성장기에 있기 때문에 몇 년에 한 번씩 재수술을 해야 한다고 했다. 생각만 해도 아찔했다. 무척 걱정하는 나에게 아이는 퉁명스럽게 "괜찮아요. 친구가 일부러 그런 것이 아니니까 친구를 원망하지 않아요"라며 무척이나 쿨하게 대답했다. 얼마 후 그 학생의 속마음을 보게 된 활동이 있었다. 활동 시간에 신문에서 닮고 싶은 사람을 찾아보는 활동을 했다. 인물을 정하기 어렵다면 여러 인물에게서 본받고 싶은 점을 조합하여 새로운 인물을 만들어 보라고 했다.

아이의 활동지에는 그리 크지 않은 기사 표제와 이동국 선수에 대한 기사가 나란히 붙어 있었다. "고통과 원망 묻고……이젠 다른 장애인 도와야죠"라는 표제 옆에는 '나는 다친 것을 속상해하고 친구를 원망했었는데, 이 사람은 오히려 다른 사람을 도울 마음까지 갖게 되었다고 한다. 그의 봉사 정신을 닮고 싶다'고 쓰여 있었다. 그리고 부상을 당해도 좌절하지 않고 다시 일어서는 이동국 선수의 인내심을 배우고 싶다고 쓰여 있었다.

워낙 쾌활한 성격이라 자신의 아픈 감정을 드러내지 않았지만, 마음속 깊은 곳에 얼마나 큰 상처로 남아 있는지 짐작이 가고도 남는 글이었다. 신문을 활용하여 이런 활동을 꼭 해야 하는 이유가 바로 여기에 있다. 자신의 감정에 솔직해지고, 더 나아가 스스로 어려움을 극복하려 애쓰는 시간을 갖게 되기 때문이다.

아이들에게 단도직입적으로 자기가 겪은 어려움이나 상처를 이야기하라고 하면 쉽게 마음을 열지 않는다. 하지만 신문 속 인물들의 삶에서 자신의 삶이 비춰지면 숨겨 있던 속마음을 드러내게 된다.

   NIE는 교과 학습도 아니고 정답이 있는 것도 아니다. 모두 같은 활동을 하지만 각자 나오는 결과물은 무척 개인적이고 주관적이다. 공부와 경쟁에서 벗어나 자신을 돌아보고 자신의 속마음도 털어놓을 수 있고, 평가를 당하지 않아도 된다. 아이들에게 필요한 인성교육은 이렇게 자연스럽게 동참하면서 아픈 상처 또한 치유할 수 있는 것이어야 한다.

자기성찰, 나의 감정을 읽어봐요

사람 사이에서 생기는 대부분의 오해는 자신의 감정을 다른 사람에게 정확하게 전달하지 않거나 다른 사람의 감정을 이해하지 못해서 생긴다고 한다. 자기가 드러내지 않은 감정을 다른 사람이 이해해주기를 바라기에는 요즘 세상이 너무 빠르게 돌아가고 있다. 우리는 스스로 자기의 감정을 잘 표현하고 있을까?

한 동네에서 오랫동안 서로 정을 쌓고 모여 살던 시대에는 일일이 설명을 하지 않아도 상대의 처지와 상황을 다 알 수 있고, 이심전심이 될 수 있었다. 하지만 세계를 이웃 동네 드나들듯이 하며 수많은 사람들을 만나면서 사는 지금은, 자신의 생각과 상황, 감정을 잘 표현할 수 있어야 한다.

이 활동은 신문에 실리는 다양한 표정들을 찾아보고, 그 표정을 읽어 감정을 표현해보는 활동이다. 해당 학년에 맞는 어휘를 선택하면 되기 때문에 이 활동 대상은 전 학년이라고 할 수 있다. 고학년으로 갈수록 복잡한 감정을 표현하도록 유도하는 것이 필요하다. 비슷한 뜻이지만 상황에 따라 적절한 말을 사용하여 감정을 표현할 수 있도록 반드시 사전을 활용하게 해야 한다(요즘 전자 사전이나 유명한 포털 사이트의 사전 기능은 놀라울 정도다.) 항상 아는 단어가 아니라 비슷한 말, 반대말 등을 찾아보면서 정확하게 묘사하도록 한다. 그리고 그런 감정의 원인이 어디에서 오는 것인지 자신의 내면을 성찰해보도록 한다.

사진이나 기사를 찾아 붙인다.

위의 기사, 사진을 읽고 느껴지는 감정을 묘사해보세요.	
왜 그런 감정이 생겼나요?	

활동 방법

❶ 신문에서 관심 있는 사진이나 기사를 골라 읽는다.

❷ 읽으면서 생기는 감정을 솔직한 감정으로 표현해보자.

❸ 사전에서 그 감정과 비슷한 말들을 찾아보고, 가장 적합한 말을 골라 자신의 감정을 묘사해보자.

❹ 그런 감정을 느낀 이유에 대해 설명해보자.

동일화. 다른 사람의 감정을 공감해봐요

사회에서 다른 사람과 원활한 관계를 맺기 위해서는 배려가 필요하다. 배려를 하기 위해서는 그 사람의 감정을 잘 이해해야 한다. 그 사람의 감정을 이해하지 못한 배려는 때로는 더 불쾌감을 주거나 모욕감을 줄 수 있기 때문이다.

신문에는 다양한 인물의 사진이 실린다. 이 활동은 그 사진들을 활용하여 감정이입을 해보고, 그 사람의 기분, 감정을 공감해보는 것이다. 그런 상황에서는 어떤 말들이 적절한지를 연습해본다.

또 활동을 하면서 요즘 우리 아이의 마음이 어떤 상태인지 살펴볼 수도 있다. 대부분 자신의 감정을 이입해서 자기와 비슷한 표정을 가진 얼굴에 관심이 쏠리게 마련이기 때문에 아이들은 그때그때 자기의 기분 상태에 따라 고르는 얼굴 표정이 다르다. 신문 속의 인물 표정에 이름을 붙여주고, 왜 그런 표정을 지었는지, 사진 속의 인물에게 하고 싶은 말은 무엇인지 등을 써보도록 하면 아이가 진짜 듣고 싶은 말이 무엇인지 알 수 있다.

인물 사진

표정 이름 짓기	
왜 이런 표정을 지었을까요?	
사진 속의 인물에게 전하고 싶은 메시지를 적어보세요.	
나는 언제 이런 표정을 지었나요?	
그때 가장 듣고 싶었던 말은 무엇이었나요?	

활동 방법

❶ 신문에서 다양한 얼굴 표정의 인물들을 찾는다.

❷ 그 표정에 이름을 붙인다.

❸ 사진 속의 인물에게 하고 싶은 말을 적어본다.

❹ 자신이 언제 이런 표정을 지었는지 생각해본다.

❺ 그때 나의 기분은 어떠했는지 떠올려본다.

❻ 그때 가장 듣고 싶은 말은 무엇이었는지 적어본다.

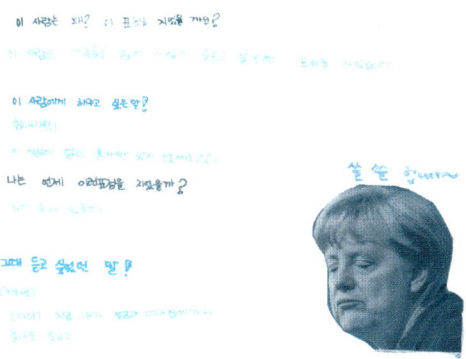

관계 짓기,
사회를 이루는 한 사람으로서 나를 느껴봐요

인성이 필요한 이유는 무엇보다도 우리가 사회 속에서 살아가기 때문이다. 혼자 사는 사회라면 인성을 교육하며 다른 사람들을 배려하고 관용을 베풀 필요도, 정의로운 행동에 대해 배울 필요도 없을 것이다.

요즘 아이들은 자기와 직접적인 영향이 있지 않는 한, 사회에서 일어나는 일들은 자신과 무관하다고 생각하고 무심해하는 경우가 많다. 이런 습관은 성인이 되어서까지도 이어진다.

어떤 개그맨이 외쳤던 '나만 아니면 된다'는 말은 얼마나 무서운 말인가? 지금은 나에게 해당하지 않는 것 같아도 우리가 사는 사회는 살아있는 생명체와 같아서 어느 한쪽이 곪으면 사회 전체가 아프게 되어 결국 나에게도 영향을 끼치게 된다.

이번 활동은 나 자신이 사회 속에 있고, 그 사회에서 일어나는 일들이 나와 직접, 간접적인 관계가 있다는 것을 인식하기 위한 것이다. 기사를 읽고 요약을 하거나 느낌을 적는 것뿐만 아니라 그 일은 나와 어떤 관계가 있는지, 나에게 주는 영향은 무엇인지 등을 생각해보도록 한다. 이는 기사를 매일 꾸준히 읽는 습관과 글쓰기에 도움이 되는 활동이기도 하다.

초등학생들이 이 활동을 할 때는 엄마의 도움이 필요하다. 아이가 기사를 읽으면서 이 기사가 나에게 영향을 주는 것은 같은데, 구체적으로 어떤 영향인지 잘 모르겠다고 할 수 있다. 그럴 때 엄마는 아이와 대화를 나누면서 아이의 생각을 정리해주는 역할을 해야 한다.

"무슨 영향을 주는지, 나와 어떤 관련이 있는지 잘 모르겠어요"

"이 기사가 너에게 긍정적인 영향을 준 것 같니? 아니면 부정적인 영향을 준 것 같니?"

"글쎄 어떤 면에서는 긍정적이고, 어떤 면에서는 부정적인 것 같아요"

"그럼 긍정적이라면 구체적으로 어떤 면에서 긍정적이야? 너에게 정보를 제공했니? 아니면 다른 사람의 마음을 이해하게 되었니? 너에게 희망을 주었니?" 등 구체적으로 물어본다. 어른들은 기사를 읽으면서 자신이 기사를 읽으며 느끼는 생각, 감정을 바로 표현할 수 있지만 아이들은 어려울 수 있다.

기사를 선정하여 붙인다.

기사의 내용을 한 줄로 요약한다.	
기사를 읽고 드는 생각	
기사가 나의 생활에 미치는 영향	

활동 방법

❶ 그날그날의 기사 중 관심을 끄는 기사를 선택한다.

❷ 기사의 내용을 간단하게 요약한다. 처음 시작할 때는 정확한 기사 요약보다는 '이 기사는 무엇에 대한 기사다.' 정도로 아주 간단하게 정리한다.

❸ 기사를 읽고 드는 생각을 자유롭게 적어본다.

❹ 이 기사의 영향을 다시 한 번 생각해본다.

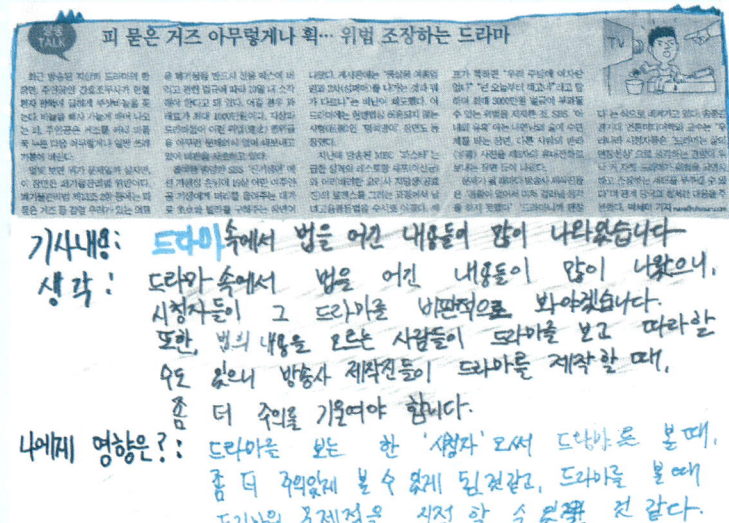

모델링. 따뜻한 세상을 만드는 이들을 신문에서 찾아봐요

우선 사회를 따뜻하게 하는 기사를 찾아보도록 한다. 신문에는 암울한 사회 현실이 그대로 녹아 있기 때문에 초등학생에게 읽히기에는 적합하지 않은 면도 있다. 하지만 우리 주변에서 성실하게, 아름다운 모습으로 살아가는 사람들 이야기 또한 많이 실린다. 생생한 삶의 이야기를 잘 선택하여 아이들에게 읽히는 것 또한 인성교육이라고 할 수 있다.

21세기에는 공동체 의식을 지향하는 인성교육이 이루어져야 한다. 어려운 이웃을 돕는 사람, 다른 사람의 일을 내 일처럼 돕는 사람, 자기의 재능을 기부하는 사람에 관한 기사를 찾아 읽고, 느낀 점을 정리하도록 한다. 기사를 읽으면서 공동체에 대한 봉사나 헌신이 중요하며, 꼭 필요한 행위임을 마음에 담을 수 있을 것이다.

기사 선정	
주인공이 한 일을 정리해본다.	
주인공의 어떤 행동이 나의 마음을 따뜻하게 했나요?	
닮고 싶은 점	

활동 방법

❶ 미담기사(나눔, 봉사, 소신 있는 행동, 어려움을 극복하고 성공한 사람) 등의 기사를 선정한다.

❷ 그 사람이 한 일을 중심으로 정리하거나 어려움을 극복한 사례를 중심으로 정리한다.

❸ 어떤 행동이 나의 마음을 따뜻하게 했나요?

❹ 그 사람의 닮고 싶은 점을 적어본다. 닮기 위해 내가 해야 할 일, 하고 싶은 일도 적어보도록 한다.

05 창의성을 높여주는 두뇌 교육, NIE에 있다

처음 스마트폰이 나왔을 때였다. 어느 날인가 남편이 핸드폰을 두고 출근을 했는데, 핸드폰이 울려댔다. 그 핸드폰 때문에 나는 짧은 시간 동안이었지만 좌절감을 느껴야 했다. 핸드폰이 계속 울렸지만 난 받을 수 없었던 것이다. 별별 시도를 다 하였지만 결국은 받지 못했다. 그 당시 화면을 터치하여 옆으로 밀어야 하는 통화 방법을 상상할 수 없었기 때문이다.

주먹구구식이라는 말이 있다. 이는 셈을 할 때 주먹을 쥐었다, 폈다하는 식으로 수를 세어 가며 셈하는 것을 말하는데, 이것은 셈하는 방법을 배우기 전에 하는 것으로 답을 구하는 데 많은 시간이 들뿐만 아니라 정확한 답을 구할 수도 없다.

쉽게 사서 쓰다 버리는 핸드폰을 사용할 때도 기능을 알고 쓰는 사람과 모르고 쓰는 사람의 활용도가 이렇듯 다른데, 우리는 평생 사용하는 뇌를 너무 주먹구구식으로 사용하는 것은 아닐까?

창의적 사고력, 논리적 사고력 등 우리가 필요로 하고, 갖고 싶어 하는 능력은 뇌에서 비롯되는 것이라는 사실은 이미 과학적으로 증명됐다. 그런데도 우리는 뇌에 대해 너무 모르고 있다.

뇌에 대한 연구는 아직까지 진행 중이지만 지금까지 뇌에 대해 밝혀진 이론들을 배우고, 최대한 활용한다면 우리가 얻고자 하는 것에 더 가깝게 다가갈 수 있을 것이다.

우리의 뇌는 좌뇌와 우뇌로 이루어져 있고, 각기 고유한 기능을 가지고 있다. 좌뇌는 언어와 수, 논리적, 분석적 사고를 관장하고, 우뇌는 그림, 음악, 이미지, 직관적, 총체적인 사고를 관장한다. 각각 고유한 기능이 있다고는 하지만, 사고를 하는 과정에서는 어느 한쪽 뇌만이 활성화되는 것이 아니라 양쪽 뇌가 뇌량이라는 신경섬유다발을 통해 정보를 주고받으며 함께 활성화된다고 한다.

창의성을 키우기 위해서는 창의성에 대한 개념, 방법론을 논해야 하겠지만 먼저 뇌를 깨워야 한다. 즉, 뇌가 활발하게 자기의 기능을 다 할 수 있도록 건강하게 만든 후에 창의성, 논리성을 키우자는 이야기다.

잠, 영양, 운동 그리고 우뇌

수많은 실험에 의해 밝혀진 뇌를 깨우는 방법으로는 잠과 영양, 운동을 들 수 있다. 우리가 잠을 자는 동안 뇌는 조용히 자기의 할 일을 한다. 낮에 학습한 정보를 정리하면서 버릴 정보와 기억해야 할 정보를 분류하고 저장하느라 몹시 바쁘다.

이미 이 이론을 살려 학생들의 학습 방법에 도입한 학교도 있다고 한다. 점심시간에 20~30분 정도의 낮잠을 자게 하여 오후의 수업에 집중하도록 한 것이다. 잠을 충분히 자야 뇌는 자기가 해야 할 일을 충실히 할 수 있기 때문이다. 그런 면에서 밤에 충분한 휴식을 취하는 것이야말로 뇌를 깨워 제 기능을 하게 하는 방법이다.

또 하나의 중요한 요인은 영양이다. 이에 대한 실험은 많은 나라에서 이루어졌는데, 영양 상태에 따라 아이들의 학습 능력은 확연한 차이를 보였다. 뇌의 신경세포는 산소와 포도당을 사용하여 활동한다. 그렇기 때문에 식사를 하지 않았을 경우 뇌를 움직이게 하는 에너지원이 제공되지 않는다. 청소년에게는 특히 아침 식사가 아주 중요한데, 아침 식사를 하지 않으면 오전 수업을 제대로 할 수 없다.

과학자들은 영양을 공급하는 것만큼 운동을 꾸준히 하는 것 또한 뇌를 깨우는 방법이라고 이야기한다. 뇌를 방에 비유하곤 하는데, 방에 난방코일이 아무리 잘 깔려 있더라도 중간에 막힌 곳이 있다면 뜨거운 물이 돌지 않아 열 전달이 제대로 되지 않는다. 그렇게 되면 아무리 열을 가해도 냉기가 돌뿐 방안을 따뜻하게 만들지는 못한다.

어느 한곳도 막히지 않고 원활한 흐름을 유지하도록 모든 세포를 건강하게 해주는 것이 바로 운동이다. 운동은 신체를 건강하게 할 뿐만 아니라 뇌의 기능을 활발하게 하는 역할을 한다. 공부를 잘하게 하기 위해서는 아이도 운동을 해야 하는 이유가 바로 여기에 있는 것이다. 뇌를 잘 사용하고 싶다면 먼저 뇌를 깨우자. 뇌를 건강한 상태로 유지해야만 그 기능이 더욱 빛을 발하게 된다.

06 우리 아이 창의력 사용 설명서

　창의성을 키우는 NIE 수업을 시작할 때 필자는 항상 "창의성이 가장 왕성한 시기는 언제라고 생각하나요?"라는 질문을 한다. 그러면 대부분 "유치원 때요", "초등학교 저학년 때요"라는 대답을 한다.
　그 다음에는 "창의성은 타고 나는 것일까요?"라는 질문을 한다. 이 질문에 대한 답은 반반이다. 타고 난다고 대답하는 사람도 있고, 키울 수 있다고 생각하는 사람도 있다. 창의력에 우리의 미래가 달려 있다며 국가적으로 그렇게 강조했지만, 창의력에 대한 기초적인 지식조차 부족하기만 하다.
　창의성이 왕성한 시기에 대해서 과학자들은 크게 두 가지 의견을 내놓고 있다. 틀에 박히지 않은 사고, 자유분방한 사고를 가진 아동기를 가장 창의적이라고 정의하는가 하면, 20대에 눈에 띄는 창의적 산물을 내놓는 청년기를 창의력이 가장 왕성한 시기라고 말하기도 한다.

창의성을 나타내는 과정을 보면 어떤 분야에 빠지는 몰입기, 그 안에서 문제를 발견하고 해결하기 위해 자료를 수집하고 풀어 가려고 노력하는 시기, 문제를 풀기 위해 항상 고심을 하는 잠복기를 거쳐 창의성이 발현된다고 한다. 이렇게 네 단계의 과정으로 본다면 창의성이 가장 왕성한 시기를 청년기라 말하는 것이 더 설득력이 있다는 생각이 든다.

　우리 부모님 세대가 뉴턴의 만유인력에 대해 배울 때 '뉴턴이 언덕에 있는 사과나무 밑에 누워 있다가 나무에서 사과에 탁! 하고 떨어지니, 아! 하고 만유인력이 떠올랐다'고 배웠던 기억이 있을 것이다. 이는 창의성이 발현된 순간만을 이야기하고 그 과정은 모두 생략된 것이다.

　뉴턴은 '물체는 왜 항상 아래로 떨어지는가?'라는 질문에 몰입해 있었고, 문제 해결을 위한 많은 자료와 문헌을 찾아보는 노력을 거쳐 풀리지 않는 그 문제가 늘 머리를 떠나지 않는 잠복기에 있을 때 마침 사과가 떨어지는 현상을 보게 된 것이다. 그 순간 막혀 있던 문제가 모두 풀어지는 발현기를 맞이하여 만유인력이라는 위대한 법칙을 발견하게 된다.

이러한 과정을 기억한다면 창의성은 유치원생, 초등 저학년들에게나 해당하는 것이라는 편견을 가진 부모님들의 생각을 조금이나마 바꿀 수 있을 것이다.

그러면 창의력은 과연 무엇이며, 신문을 활용하여 창의성을 키울 수 있는 방법은 무엇일까?

창의력이라는 단어가 생소하게 들리던 시절에는 막연히 그 효용성을 떠나 무조건 남들과 다른 생각, 남들과 다른 행동을 하는 것이라고 생각했다. 이러한 생각은 눈에 띄는 행동을 독창성으로 미화했고, 곧 '해서는 안 된다고 했던 것들의 허용'이라는 잘못된 생각에까지 이르렀다. 어린 아이들의 버릇없는 행동도 독창성으로 오인되기도 했었고, 눈살을 찌푸리게 하는 상식에서 어긋난 아이디어도 독특하다는 말로 웃어주었다. 하지만 그런 것이 창의성이 아니라는 것은 이제 모두가 아는 사실이 되었다.

우선, 창의력의 사전적 의미는 '새로운 것을 생각해내는 능력'이다. 하지만 이러한 정의로는 어떻게 창의성을 키워야 하는지를 알 수 없다. 그래서 어떠한 기능을 발휘할 때 창의성이 높다고 정의를 내리는지를 정리해보았다.

우리는 보통 융통성, 유창성, 독창성, 정교성 등 지적인 기능을 잘 발휘하는 사람과 독자적이며 성실하고, 변화에 민감하고 호기심을 많이 가진 사람을 창의성이 높다고 말한다. 하지만 이 모든 능력을 모두 갖춘 사람은 드물다. 사람마다 조금씩 다른 성향과 지적인 특성을 가지고 있다. 그래서 부족한 부분을 살리고, 뛰어난 부분은 계속 자극하여 그 특성을 키울 수 있는 다양한 활동을 하면서 창의력을 높일 수 있다.

:: **유창성** : 하나의 주제에 대해 최대한 다양한 아이디어를 만들어 내는 기능이다. 유창성을 키우는 대표적인 활동으로는 브레인스토밍이 있다.

:: **융통성** : 융통성이 없다는 말은 고정적인 사고방식으로 생각이 꽉 막힌 사람을 지칭하는 것이다. 생각이 막히지 않도록 하는 것이 바로 융통성이다. 새로운 시각, 발상의 전환으로 문제를 해결하는 능력. 이 기능을 키울 수 있는 대표적인 활동으로 스캠퍼(SCAMMPER)가 있다.

:: **독창성** : 말 그대로 다른 사람들과 다른 독특한 아이디어를 내는 기능을 말한다.

:: **정교성** : 다듬어지지 않은 아이디어를 실행할 수 있도록 발전시키는 능력을 말한다.

07 신문은 창의성을 키우는 가장 좋은 재료, 그 핵심은 관찰이다

실험 심리학자들은 머릿속으로 상상하는 것만으로도 실제로 한 것과 같은 효과를 볼 수 있다는 주장을 실험을 통해 밝혀냈다. 상상 속에서 과제 수행을 오래 연습하면 실제로 하는 것과 유사한 반응이 뇌에서 일어난다는 것이다.

이두박근에 힘을 주는 동작 연습을 상상만으로 했던 사람에게 동작의 속도와 근육의 강도가 향상되어 몇 주 후에 정말로 이두박근이 생겼다고 한다. 실제로 신체 기술이나 그림 그리기 등 그것을 수행하는 연습을 머릿속으로 하면 그와 같은 실력을 갖추게 된다고 한다. 이때 머릿속의 연습에 앞서 반드시 필요한 것이 있는데, 그것은 바로 관찰이다. 눈에 보이는 이미지를 관찰하여 정보를 수집해야 한다.

관찰하기는 단순한 활동인 것 같지만 호기심, 집중력, 민감성, 정교성 등이 필요하며, 주의와 노력을 기울여야만 한다. 우리의 뇌는 매우 효율적이기 때문에 이미 아는 내용에 대한 관찰은 비효율적이라 판단하여 또 다시 관찰하려 하지 않는다고 한다. 본인이 의지를 가지고 관찰하라는 명령을 내리지 않는 한 뇌가 알아서 눈에 보이는 모든 것을 관찰하지 않는다. 그렇기 때문에 특별히 신경을 써서 관찰하려는 노력이 필요하다.

논리적 사고력, 창의적 사고력을 키우기 위해서도 먼저 선행되어야 하는 것 또한 관찰이다. 관찰을 하면 정보를 수집하거나, 수집된 사실을 근거로 새로운 사실을 추리해내거나, 상상할 수 있다. 어떤 대상에 대한 정보와 지식이 없이는 사고력을 발휘할 수 없는 것이다.

만사가 귀찮기만 한 우리 아이들이 어떤 대상을 열심히 관찰하게 하려면 어떻게 해야 할까? 그것은 바로 '호기심'이다. 호기심은 알고자 하는 동기를 부여하고 유심히 관찰하도록 만드는 힘이다.

그러나 매일 보는 교과서에서, 학원 교재에서 호기심을 느끼는 아이는 어디에도 없을 것이다. 이런 아이들에게 호기심을 일으킬 수 있는 대상으로 적합한 것은 매일 다양하면서도 새로운 사진이 들어 있는 신문 속의 이미지들이다. 신문에는 광고, 만화, 사진 등의 다양한 이미지가 들어 있다.

무엇보다도 신문에 실리는 이미지들은 일단 안심하고 보여줄 수 있다. 요즘 인터넷, 텔레비전, 스마트 폰 등을 통한 자극적이고 선정적인 이미지들이 우리 아이들을 혼란스럽게 만들고 있다. 광고는 창의성의 산물이기 때문에 창의성을 키우는 관찰 대상으로 적합한 것은 두말할 나위가 없다. 사진 또한 역사적인 산물이고, 현장감과 예술성이 녹아 있다. 만화는 아이들에게 흥미와 재미를 유발하는 요소다.

  이러한 이미지를 관찰하는 활동은 좌뇌 중심의 논리적 학습 일색인 학교생활에서 우뇌를 자극할 수 있기 때문에 뇌 기능의 시너지 효과를 얻을 수 있다. 하지만 막상 호기심이 생겨 관찰을 하더라도 관찰 방법을 모른다면 효과를 얻기 힘들 것이다. 아이들은 관찰하라고 하면 뚫어져라 응시만 한다. 이렇게 막연히 응시를 하는 것만으로는 효율적인 관찰을 할 수 없다.

상위 1% 아이들의 특별한 관찰 질문 3가지

08

　관찰에는 오감을 활용하여 정보를 얻는 직접 관찰과 자료를 통해 배우거나 다른 사람을 통해 정보를 얻는 간접 관찰이 있다.
　영·유아기 때는 뭐든지 직접 만져보고 입에 넣어보는 직접 관찰을 통해 지식을 얻지만, 성장하면서부터는 점차 간접 관찰을 통해 지식을 얻는다. 아이들은 직접 관찰과 간접 관찰을 통해 얻은 지식을 자기의 것으로 조작하는 과정에서 창의적 사고력, 논리적 사고력, 비판적 사고력 등을 키우게 된다. 이러한 재조작 능력은 아이들마다 조금씩 차이가 있게 마련인데, 얼마나 다양한 지식이 있는지, 얼마나 조작해본 경험이 있는지에 따라 그 차이가 결정된다. 그렇기 때문에 다양한 지식을 접하면서 관찰하고, 관찰한 정보를 재조합해보는 경험을 많이 가지는 것이 아이들의 창의성을 높이는 방법이라 할 수 있다.
　지금부터 소개할 '관찰하기' 방법은 하버드 대학 교수들이 개발한 사고력 개발 프로그램*의 첫 단계에 나오는 부분이다. 논술 교재인 이 교재의 첫 단계 '관찰과 분류'에서, 어떤 대상을 관찰하여 특징을 찾아내기 위한 질문 3가지가 나오는데, 그 질문을 '신문을 적용한 관찰 활동'에 적용한 것이다.

"무엇에 속하나요?", "무엇을 가지고 있나요?", "무엇을 하나요?"라는 질문을 차례로 해 가면서 그 대상을 유심히 관찰하면, 놓칠 수 있는 부분까지 빠짐없이 볼 수 있다. 이렇게 관찰하여 얻은 정보를 조작하여 대상 또는 장면에 대한 판단을 하게 된다.

그런데 신문을 활용한 관찰 활동을 하다 보면 아이들이 꼭 이런 절차에 맞게 관찰해야 하는지를 묻기도 한다. 굳이 이 방법을 취하지 않더라도 관찰할 수 있는데, 귀찮다며 꾀를 부리는 것이다. 처음에는 단순해 보이는 작업이고, 익숙지 않은 방법이라 하기 싫어할 수도 있다. 하지만 그 방법이 익숙해지면 그때는 컴퓨터가 프로그램을 실행하는 것처럼 뇌도 자동으로 관찰 방법 프로그램을 실행하게 될 것이다.

이 관찰 방법은 신문에 있는 이미지를 관찰할 때만 쓰이는 것이 아니라 어떤 대상, 어떤 분야에도 적용할 수 있는 방법이다. 그렇기 때문에 아이들이 대충 관찰하려고 할 때마다 그 필요성을 충분히 이해시켜주어야 한다. 창의력을 높이기 위해서는 관찰력이 기본이 되어야 하는데, 그 관찰력은 노력과 연습을 통해 높일 수 있다는 것을 말이다.

---

* 오디세이 - 소년한길

 이미지 관찰하기. 신문 속의 이미지를 관찰하기 위해 3가지 질문을 해봐요

    관찰 활동은 신문에 실리는 다양하면서도 좋은 사진을 보면서 관찰하고, 관찰한 사실을 근거로 추론해보거나 상상하는 여러 활동으로 이어지게 하여 창의성을 높이게 하는 방법이다.

    신문에 실리는 사진은 사건, 사고를 알려주는 사진의 역할만을 하는 것이 아니라 시각 언어로써 메시지를 전하는 역할도 한다. 그래서 때로는 말 백 마디를 전하는 것보다 사진 한 장이 더 사실적이고 감동적인 이야기를 전하기도 한다. 사진을 관찰하면서 사진으로 이야기하는 것이 무엇인지 알아볼 수 있다.

    신문에는 다양한 종류의 사진이 실린다. 마치 현장에 있었던 듯 생생한 사실을 전달해주는 사진 외에도 계절의 변화를 가장 먼저 눈으로 보게 해주고, 명절, 기념일, 사람들의 평범한 일상 등을 느끼게 해주는 사진도 있다. 이렇듯 다양한 소재의 사진을 활용하여 아이들의 관심을 유발할 수 있다.

사진 붙이는 곳

- 무엇에 속하나요?
- 무엇을 가지고 있나요?
- 무엇을 하나요?

시진을 관찰한 내용

↳ 헤겐을 쓰고 있는 여자 아이가 있다. 그 여자아이는 외국인 같다. 사산경로 찍은 것 같다.
나무가지를 만지고 있다. 눈이 떠있는것 같이 보인다.
나무에는 색색깔의 꽃인가 꽃같은 것이 달려있는데 타원형인 것은 보이서 달걀 같다.

관찰한 내용을 바탕으로 상상하기

↳ 한 외국인 여자아이가 나무에 달린 달걀을 아빠에게 입혀서 구경한 것 같다.

기사 '알록달록 예쁜 달걀, 예수의 부활 환영해요.' 21일(현지시간) 독일 잘펠트의 한 창원에서 1만 개의 달걀 열매가 달린 나무를 어린이가 신기한 듯 바라보고 있다. 이 '달걀 나무'는 한 노부부가 40여 년간 해마다 부활절 시즌이 다가오면 꾸며 왔다. /잘펠트 AP = 연합뉴스

느낌점
↳ 나의 생일과 거의 맞는 것 같아서 좋다.
내용면이라는 것은 못맞아 아쉽다.
더 많은 기사와 사진으로 수집해 보고 싶다.

인물 관찰하기. 신문 속 인물 사진을 활용하여 관찰하는 연습을 해봐요

모든 관찰하기 활동에서 3가지 질문은 기본으로 하도록 한다. 그런 후에 관찰 대상에 따라 그 밖의 질문을 더해본다. 인물 사진을 관찰할 때도 '관찰을 잘하게 하는 질문 3가지'에서 했던 질문을 하고, 그 다음의 질문을 이어 가면서 구체적으로 관찰하도록 한다.

기초 질문 외에 인물이 어떤 일을 하는 사람인지, 왜 그런 표정을 짓는지까지 예측해보도록 한다. 이러한 관찰을 하면서 관찰 대상을 파악할 때에는 막연한 느낌이 아니라 관찰한 정보가 바탕이 되어야 한다는 사실을 배울 수 있다.

심화 활동으로 관찰한 인물들에게 어떤 이야기가 있는지 상상하기, 그들에게 하고 싶은 말 써보기 등을 할 수 있다.

사진 붙이는 곳

- 무엇을 하는 사람인가요?
- 무슨 표정을 짓고 있나요?
- 왜 이런 표정을 지었을까?
- 이 사람에게는 어떤 이야기가 있을지 상상해보세요.

PART 2 : 인성을 길러주는 신문, 창의성을 키워주는 신문

 상상하기 1(현장). 관찰한 정보들을 활용하여 신문 속의 장면을 상상해봐요

학교의 교과 수업 시간에는 '어떤 상황에 대해 상상하라'는 활동을 많이 한다. 그런데 이러한 활동을 무척 어려워하는 아이들이 있다. 상상하는 것이 생각만큼 그리 단순한 활동이 아니기 때문이다. 상상을 하는 창의적인 활동을 할 때도 상상하고자 하는 분야의 기본적인 지식이 바탕이 되어야 한다.

이번에는 눈에 보이는 현상을 근거로 하여 그 현장에 있을 법한 것이 무엇이 있을지 상상해보도록 한다. 그 장소의 특성, 인물의 특징, 그 사진과 이어지는 다른 주변의 것들, 그 상황에 있을 법한 것, 주고받을 법한 대화, 들릴 법한 소리를 상상하도록 한다. 이런 상상의 기본 역시 관찰에 있다. 이번에도 '관찰을 잘하게 하는 질문 3가지'를 하고, 만약 인물이 있을 경우는 NIE 활동 8번 인물 사진 관찰하기에서 했던 순서대로 질문하면서 관찰하도록 한다.

사진 붙이는 곳

- 무엇이 있을까요?
- 무슨 소리가 들리나요?
- 어떤 대화를 나누나요?

관찰하기

Q 안보이는 것을 상상하자.

Q 어디에 뚝하나요? 자연중에 재해. 허리케인.
Q 무엇을 가지고 있나요?
도로. 집. 나무. 물.
Q 무엇을 하나요
허리케인으로 인해서 사람들 남은이 없어졌어요.

Q 무슨소리 들리나요?
윙윙. 획. 비명소리. 울음소리.
Q 무슨 대화를 나누나요?
도와주세요!! 날려주세요!!

 **상상하기 2(다음 장면).** 다음 장면을 상상할 수 있는 정보를 관찰해보세요

어떤 행동, 인물, 자연 현상은 정지해 있는 것이 아니라 연속성을 가지고 있다. 시간이 흐르면서 변화가 생기는 것이다. 관찰을 바탕으로 사진 속의 장면 바로 그 다음 장면을 상상해보자. 이 활동을 하다 보면 아이들의 개인적인 경험과 지식에 따라 모두 다른 답이 나온다는 것을 알 수 있다. 그 답이 다름의 논리와 이유에서 나온 것이라면 모두 인정하고 칭찬해주어야 한다. 이러한 활동에는 정답이 없으며, 있을 수도 없다.

창의성을 저해하는 데 가장 큰 영향을 끼치는 것은 '상상력을 제한하는 것'이라고 한다. 이 활동은 다양한 정보를 활용하여 상상하라는 것이지 논리적으로 상상하라고 하는 것은 절대 아니다. 새싹이 돋기 위해서는 씨앗이 필요하다. 씨앗이 될 수 있는 정보가 없는 상황에서 창의적으로 생각해보거나 상상해보는 활동은 무의미하다.

다음장면은?

Q 어디에 속하나요?
⇨ 동물 중 사람, 사람 중 남자

Q 무엇을 가지고 있나요?
⇨ 큰 가방, 선글라스, 지팡이(?), 신발, 옷

Q 무엇을 하나요?
⇨ 산을 올라가고 있는 중인것 같다.

아이의 창의력을 키우는
신문 활용 기법 3가지

09

　방학이면 학부모와 아이가 함께 하는 NIE 특강을 진행할 때가 있다. 그럴 때면 아주 난감한 장면을 보게 되는데, 호기심과 열의가 가득 차 아이에게 더 좋은 것을 생각해내라며 끊임없이 요구하는 엄마와 그것을 버거워하는 아이의 모습, 아이가 무엇 하나 마음대로 하지 못하게 시시콜콜 다 참견하며 바로 잡아주는 엄마와 기죽은 아이의 모습을 보게 된다. 때로는 마음껏 척척 해내는 아이와 옆에서 지켜보는 엄마, 많은 이야기를 나누며 함께 즐거워하는 아이와 엄마를 보기도 한다. 하지만 전자의 모습을 더 많이 보게 된다. 정말 재미있는 것은 초등학생 멘티와 대학생 멘토가 함께 참여한 NIE 캠프에서도 이와 똑같은 현상이 일어난다는 것이다. 대학생 멘토들은 멘티가 활동하는 것에 많은 개입을 하며 부모와 같은 반응을 보였다. 제7차 교육 과정인 창의성 교육을 받고 성장한 대학생들이지만 그들 역시 창의성을 키우는 기본적인 태도조차 갖추고 있지 않았다.

  창의성 교육을 위해 나와 있는 방법론은 여러 가지가 있다. 하지만 이러한 방법론을 알기 전에 반드시 알아야 하는 것은 학습자의 창의적인 태도다. 아이는 창의적인 태도를 이끄는 선생님 혹은 부모의 역할과 역량에 많은 영향을 받는다.

  창의성을 키우는 데에 있어 부모의 역할은 아이가 창의적인 아이디어를 내고, 발전시키고 싶은 내적 동기가 유발되도록 격려하고, 그런 태도가 환영받는 분위기를 조성하는 것이다. 권위적인 분위기를 조성하여 부모님의 눈치를 보게 하거나 자유로운 생각에 제한을 두지 않도록 할 것, 아이 스스로 문제를 해결하도록 기다려줄 것, 아이의 아이디어에 부정적인 반응을 보이거나 비난을 금지하는 것은 창의성 교육을 위해 갖추어야 할 부모의 기본적인 태도다.

  또 풍부한 감성이나 지적인 호기심을 자극하고 오래 지속할 수 있도록 이끌어주어야 하는데, 그렇게 하기 위한 방법에 대해서는 학자들마다 의견이 분분하다. 기본적인 방법론에 대해 알려주어야 한다는 의견과 무방법이 방법이라는 의견이 있다. 후자의 경우는 몇 가지 방법을 안다는 것이 오히려 아이의 창의성을 막는 것이라는 의견인데, 창의성의 개념을 이해한다면 그 또한 맞는 이야기다.

  하지만 아이들과 수업을 하면서 나름대로 얻은 결론이 있다면, 아이들이 다양한 방법론을 알게 되면 자신들의 능력을 더 키울 수 있었다는 것이다. 새로운 아이디어 내기를 막막해 하던 아이들이 자신도 놀랄 정도로 창의적인 아이디어를 내면서 방법론을 몰랐을 때에 자신들이 경험하지 못했던 성취감을 맛보게 된다.

　어른들도 똑같은 경험을 한 적이 있을 것이다. NIE 지도나 독서 지도에 관심이 많은 학부모는 책이나 강의를 들으면서 '아! 이런 방법이 있었구나'하며 무릎을 칠 때가 있다. 예를 들어 관찰에 대한 중요성에 대해 이해하고 그 방법론에 대해 알게 되었다면, 아이에게 책을 읽어주면서 책의 그림을 관찰하며 읽게 되거나, 함께 나들이를 갔을 때 새로운 장면을 보면서 나누는 대화 또한 달라질 수 있는 것이다. 늘 읽던 책인 데도 그 안에서 새로운 것을 발견하게 되고, 늘 보던 것에 대한 아이의 관찰력, 민감성 또한 달라질 것이다. 이렇듯 몰랐더라면 그냥 지나칠 수 있는 것들이 우리 아이의 창의성을 키우는 방법이 되고, 알게 된다면 여러 가지 방법들이 우리 아이에게 딱 맞는 방법으로 응용될 수 있다.

　앞에서 어떤 대상을 접했을 때 그냥 무심히 보는 것이 아니라 관찰해야 하고, 그 관찰하는 방법에 대해 소개했다. 이번에는 어떻게 새로운 아이디어를 만들어 내는지에 관련된 정보 조작 방법에 대해 소개하고자 한다.

강제 결합법, 관련 없는 것들을 묶어 서로 관련 있도록 이야기를 만들어보세요

서로 관련이 없는 것들을 강제로 관계를 맺게 함으로써 새로운 아이디어를 만들어보도록 하는 방법이다. 이는 상투적인 틀에서 벗어나 사물이나 아이디어를 색다르게 보는 능력을 개발하는 '연상 사고 훈련'이라고 할 수 있다.

신문에서 마음에 드는 사진이나 단어 또는 이미지를 선택하게 한 후, 선택한 것들을 넣어 짧은 글을 지어보게 하거나, 두 가지를 합하여 새로운 것을 만들어보도록 한다. 이때 아이들이 지은 글은 문맥이 통해야 하고, 새롭게 만든 물건은 유용한 것이어야 한다.

이 활동을 할 때 주의할 점은 먼저 아이들에게 마음에 드는 사진 2장, 또는 3장을 무작위로 고르도록 한 후에 어떤 활동을 할 것인지 설명해야 한다는 것이다. 사진을 고르기 전에 앞으로 하게 될 활동에 대해 소개를 해주면, 아이들은 연관성이 있는 사진을 고르기 위해 노력한다. 그렇게 되면 이 활동을 통해 얻고자 하는 유창성과 독창성, 창의적인 태도를 기대하기 어려워진다.

활동 방법

❶ 신문을 넘기면서 마음에 드는 이미지나 단어를 선택하여 오린다. 이미지의 개수는 처음에는 2개, 다음에는 3개로 개수를 늘려 가는 것도 좋다.

❷ 종이에 이미지를 붙이고, 그 이미지와 단어를 넣어 짧은 이야기를 지어본다.

❸ 이미지는 무작위로 고르도록 한다.

의인 유추 방법, 대상의 일부분이 되어 나를 새로운 관점으로 바라봐요

시네틱스 기법 중 하나인 의인 유추 방법을 소개하고자 한다. 학생 스스로 대상의 일부분이 되어 새로운 관점으로 자신을 바라볼 수 있도록 유도하는 활동이다. 신문에서 어떤 대상을 선택하게 한 후, 아이가 그 대상이 되어보는 가정을 하게 하여, 사물이나 인물에 자신을 투사시키면서 감정이입하는 경험을 할 수 있게 된다.

'내가 만약 ○○이라면'이라는 가정으로 그 대상의 입장에서 나를 객관적으로 바라보도록 한다. 이 활동을 하면 아이들은 평소에 자신이 들었던 말들을 떠올리며 자신에게 쓴소리를 하기도 한다.

활동 방법

❶ 신문에서 인물이 아닌 이미지를 선택하도록 한다.
❷ 대상이 되는 이미지가 나에게 말을 건다고 상상해본다.
❸ 나에게 무슨 말을 하는지 적어본다.

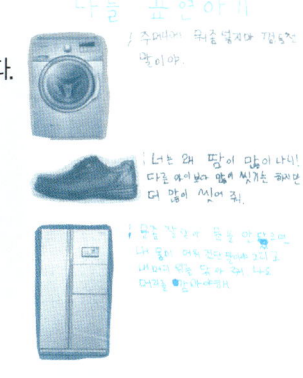

NIE 활동 13 — PMI. 다양한 관점에서 아이디어를 떠올려보세요

아이디어의 좋은 점, 즉 plus와 나쁜 점, 즉 minus, 흥미로운 점, 즉 interest에 대해 생각해 보는 방법이다.

신문에서 물건이나 어떤 대상을 선택한 후, '만약 ○○이 없다면 어떤 일이 생길까? 라는 주제를 주고 생각해보도록 한다. 이에 따라 발생하는 좋은 점, 나쁜 점, 발생할 수 있는 흥미로운 점에 대한 아이디어를 내보도록 한다. 반대로 '세상에 ○○이 있다면' 또는 실제로 일어난 어떤 사건을 바탕으로 이에 대해 PMI를 해볼 수도 있다.

plus	minus	interest

활동 방법

❶ 신문을 넘기면서 마음에 드는 이미지나 기사를 선택하여 오린다.

❷ '만약 ㅇㅇ이 없다면' 또는 ' '만약 ㅇㅇ이 일어나지 않았다면' 등 그 사진에 맞게 질문을 만들어본다.

❸ 위의 질문과 같은 상황이었을 때, 긍정적인 점, 부정적인 점, 흥미로운 점을 모두 떠올려본다.

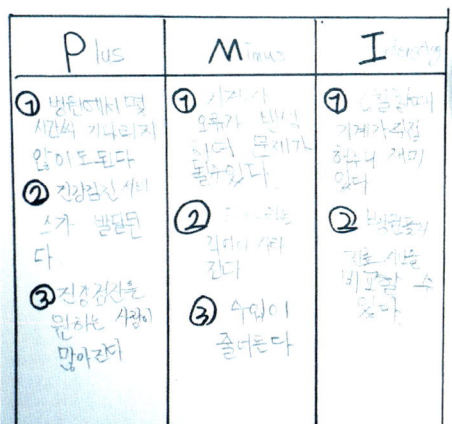

3

신문, 교과서를 품다

어휘력이 공부 체력을 결정한다   01

　서울의 한 중학교에서 학부모 대상 강의의 주제를 '어휘력'으로 정한 적이 있었다. 강의하는 내내 아이들의 사고력, 학습 능력은 어휘력에 의해 결정된다는 이야기를 하며, 어휘력의 중요성을 거듭 강조했다. 그리고 어휘력을 키우기 위한 방법으로 신문 읽기를 이야기하면서 몇 가지 방법론을 소개한 후 강의를 마쳤다. 엄마들은 아이가 이미 중학생이 된 지금, 내신을 준비하기에도 시간이 부족한 마당에 뜬금없이 웬 어휘력이냐며 반신반의하는 모습이었다.

　강의가 끝나자 학부모들과 강의를 함께 듣던 담당 선생님이 마이크를 이어 잡으셨다. "아이들의 어휘력은 정말 심각합니다. 많은 학생들이 시험을 볼 때 몰라서 틀리는 것이 아니라, 문제를 이해하지 못해서 틀리는 경우가 다반사죠. 더욱이 서술형 시험을 보면 아이들이 구사하는 어휘력은 초등학생 수준인 경우가 많습니다. 아이들이 공부 잘하기를 원하신다면 지금이라도 어휘력을 향상시키는 데 노력하시기 바랍니다"라고 하면서 아이들의 어휘력과 글쓰기 실력에 대해 걱정을 하셨다.

그리고 선생님은 학원에는 열심히 다니지만 성적이 오르지 않는 아이들을 보면 답답하다고 하셨다. 노력한 만큼 성적이 나오지 않아 안타깝다는 것이다. 아무리 속상하고 안타깝다고 해도 당사자인 그 아이만큼은 아닐 것이다. 본인은 열심히 한다고 하는데, 성적이 오르지 않는 이유를 알 수 없으니 오죽 답답하겠는가?

아이가 성적이 오르지 않는 데는 여러 가지 원인이 있을 것이다. 대부분 본인이 공부를 열심히 하지 않은 것에 그 원인이 있지만, 공부하는 방법이 잘못되었을 수도 있고, 학습하는 시간이 오래 걸려서 일 수도 있다. 그러나 학습 능력이 오르지 않는 가장 큰 원인 중의 하나는 어휘력이다.

모르는 말이 가득한 책을 읽으면서 내용이 머릿속에 쏙쏙 들어온다고 말하는 이는 세상에 없을 것이다. 모르기 때문에 이해가 안 되고, 이해가 안 되니 흥미가 떨어진다. 흥미가 없으니 책을 읽거나 공부하는 것이 고단한 작업일 수밖에 없다.

우리는 어휘로 말을 하고, 어휘를 통해 책을 이해하고, 어휘로 상상하고 생각한다. 이렇게 중요한 어휘력을 키우기 위해서는 어떻게 해야 할까? 당연히 '읽기'가 답이라고 말한다. 읽기를 꾸준히 해 온 아이들은 학습 능력과 이해력이라는 기초 체력을 갖추었다고 할 수 있다.

아이의 어휘력을 키우는 신문 활용 기법 4가지

02

어휘력을 향상시키는 연습 방법에는 글을 읽으면서 모르는 단어의 뜻을 찾아 가며 어휘를 늘리는 방법과 한 어휘를 두고 그 어휘와 관련된 단어들을 최대한 많이 떠올리면서 어휘력을 향상시키는 방법이 있다. 우리 아이들은 국어 시간에 이 두 가지를 병행하면서 어휘력을 향상시키고 있다.

어휘는 그냥 그 뜻을 아는 것만으로는 내 것이 되었다고 말하기 힘들다. 그렇게 읽어보는 것마다 내 것이 될 수만 있다면 무엇이 문제가 되겠는가? 그 단어를 직접 내 말로 써보고, 자꾸 사용해야만 진짜 나의 어휘가 된다고 할 수 있다.

그러기 위해서는 그 단어를 넣어 짧은 글짓기를 하는 등 읽기와 쓰기를 병행해야 한다. 쓰기 위해서는 그 단어에 대해 정확히 알아야만 하기 때문이다. 아이들이 글을 쓰는 과정을 지켜보면 어떤 단어를 넣으려고 하다가도 뭔가 불확실하다 싶으면 '그냥 알던 거나 쓰자'라고 하면서 이전에 알고 있던 단어를 써버리곤 한다. 정확한 뜻을 알아야 그 단어가 있어야 할 자리를 정하게 되고, 그에 맞는 조사도 붙일 수 있다.

이것이 바로 말하는 것과 쓰는 것의 차이점인데, 어느 정도 아는 단어를 사용하여 말하기는 어렵지 않다. 친구들과 말을 할 때는 문장을 만들지 않고 정확히 구사하지 않아도 되기 때문이다. 그렇기 때문에 읽기와 쓰기를 병행해야만 어휘력을 향상시킬 수 있다.

신문을 활용하여 어휘를 키울 수 있는 방법은 교과 학습 시간에 수행하는 방법과 동일하다. 먼저, 신문을 읽으면서 흥미를 끄는 기사를 선택한 후, 그 기사를 주의 깊게 읽는다. 읽으면서 중요한 정보에는 빨간색, 모르는 단어에는 파란색으로 밑줄을 그으면서 기사를 읽도록 한다.

노트에 기사를 붙이고, 밑줄을 그었던 모르는 어휘를 옮겨 쓰도록 한다. 이때 그 어휘의 뜻을 바로 사전에서 찾기 전에, 먼저 문맥 안에서 그 단어가 어떤 뜻으로 쓰인 것인지 예측해보도록 한다. 그런 다음, 사전에서 어휘의 뜻을 찾아서 쓰고, 어휘의 뜻을 정확히 안 후에는 그 어휘를 사용하여 짧은 글짓기를 하도록 한다.

우리말에는 동음이의어가 많고, 의미는 비슷하지만 문장에서의 쓰임이 조금씩 다른 단어들도 많다. 그 차이를 이해하고 알맞은 어휘를 적재적소에 사용하기 위해서는 반드시 사전을 활용해야 한다.

기사를 활용하여 다른 활동을 하더라도, 이 어휘력을 키우는 활동을 기본으로 해야 한다. 그런데 이렇게 똑같은 방법으로 계속 읽다 보면, 아이들은 꾀를 내어 잘 모르는데도 불구하고 그냥 대충 넘어가기도 한다.

대충 읽는 버릇은 읽기에서 가장 조심해야 하는 습관이자, 고치기 힘든 습관이다. 대충 읽으면서 내용을 자기 멋대로 이해하는 아이들을 많이 보곤 한다. 그런 습관은 시험 문제의 지문을 읽을 때도 그대로 나타난다.

이것이 바로 아이가 기사를 읽고 어휘를 찾을 때, 아이 혼자 하도록 하지 말고 엄마가 함께 해야 하는 이유이다.

그렇다고 꼼꼼히 읽는지 감시하는 마음으로 보자는 것이 아니라 아이와 함께 공부하는 마음으로 해보자는 것이다. 사실 어른들도 단어를 알기는 하지만 정확하게 모르는 경우도 많이 있다. 이렇게 엄마와 함께 사전을 찾아 가며 익히는 것의 장점은 엄마가 그 어휘를 일상생활에서도 반복하여 사용하도록 유도할 수 있다는 점이다.

NIE 활동 14
어휘력 1 (사전 찾기).
신문에서 뜻을 찾으며 어휘력을 키워봐요

활동 방법

❶ 신문을 넘기며 마음에 드는 기사를 선택하여 오린다.

❷ 기사를 읽으며 모르는 단어에 밑줄을 긋는다.

❸ 모르는 단어를 옆에 적고, 문맥 안에서 어떤 뜻으로 쓰였는지 그 뜻을 유추해 적는다.

❹ 사전에서 정확한 뜻을 찾아 적는다.

❺ 정확한 뜻을 알고, 그 단어를 넣어 짧은 글짓기를 한다.

어휘력 2(연꽃 기법).
어휘를 구조적이고 체계적으로 떠올려봐요

활동 방법

❶ 신문을 넘기면서 마음에 드는 이미지나 기사를 선택하여 오린다.

❷ 그 이미지나 단어를 중심으로 떠오르는 단어를 사방으로 적어 넣는다.

❸ 적어 넣은 단어를 중심으로 또 사방으로 떠오르는 단어를 적어 넣는다.

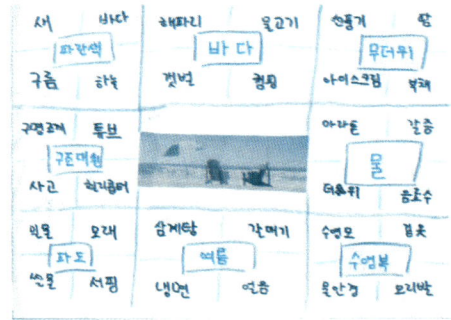

NIE 활동 16

어휘력 3(어휘 연상법). 이미지와 관련된 어휘를 떠올린 후, 짧은 글짓기를 해봐요

활동 방법

❶ 신문을 넘기면서 마음에 드는 이미지나 기사를 선택하여 오린다.

❷ 그 이미지를 중심으로 떠오르는 단어를 모두 적어본다.

❸ 떠오른 단어를 몇 개씩 선택하여 짧은 글짓기를 한다.

❹ 단어의 수를 늘리거나 짧은 글의 수를 늘리면서 아이들의 발상을 자유롭게 만든다.

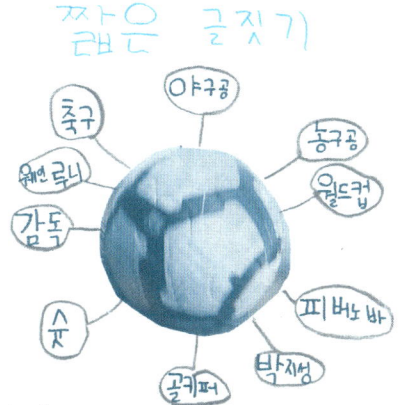

PART 3 : 신문, 교과서를 품다

어휘력 4(어휘 선택), 문맥 안에서 어울리는 어휘를 선택해봐요

활동 방법

❶ 신문을 넘기면서 마음에 기사를 선택하여 오린다.

❷ 엄마가 먼저 읽고, 중요한 단어에 수정액을 칠하여 지워 놓는다.

❸ 아이가 기사를 읽으면서 그 문맥에 알맞은 어휘를 적어 넣도록 한다. 들어갈 수 있는 비슷한 단어는 모두 써보도록 한다.

❹ 사전을 찾으면서 활동해도 좋다.

❺ 엄마가 너무 어려운 단어를 지우는 것은 삼가는 것이 좋다.

03 읽기 능력을 향상시키는 배경지식, 글쓰기 실력을 높이는 NIE

읽기 능력을 향상시키는 NIE

이제 광범위한 읽기에서 범위를 좁혀 신문 읽기 능력 향상 방법에 대해 이야기하려고 한다. 지금까지 우리 아이들이 읽어왔던 글의 대부분은 문학적인 글이다. 옛 이야기나 생활 동화, 우화 등은 스토리가 있기 때문에 크게 노력을 기울이지 않아도 전달하고자 하는 내용을 파악할 수 있다.

초등학생들이 접해본 비문학적인 글이라고 해보았자 교과서에 실리는 설명문, 주장글이 전부일 것이다. 설명문이나 주장글도 아주 정형화된, 교과서에서 배운 형식과 맞아떨어지게 잘 쓰인 글들이다.

과학과 역사에 관한 책도 아이들이 흥미를 가지고 계속 읽을 수 있도록 스토리가 있거나 만화의 형식으로 되어 있어서 설명하는 글의 특성이 약하다. 중학교에 올라가면 그나마 읽던 문학마저 읽는 양이 현저하게 줄어든다. 그런데 고등학교에 올라가면서 비문학의 비중이 높아지고, 수능 문제에서는 비문학이 차지하는 비율이 50%에 이른다.

이러한 읽기 환경에 둘러싸여 있는 아이들이 다양한 비문학을 접하면서 구조적인 읽기를 꾸준히 연습하는 데는 신문이 적합하다. 더욱이 신문을 읽으면 어휘력과 함께 배경지식을 갖게 되는 일석이조의 효과가 있다. 다양한 분야에 대한 배경지식은 읽기와 학습에서 있어서 무척 중요하다.

신문에는 하루 300~350건 정도의 기사가 실리는데, 그중에 아이의 눈을 끄는 기사 하나 정도는 반드시 있다. 자기의 관심사, 읽을 수 있는 수준의 기사를 발견하여 꾸준히 읽게 하는 것이 신문 읽기를 통해 얻고자 하는 우리의 목표다.

꾸준히 읽으면서 교과에서 배운 읽기 방법을 기억해 적용해보도록 한다. 대부분의 아이들이 기사를 읽을 때는 그 기사의 형태를 무시하고 무조건 읽으려고 한다. 또 기사를 요약하라고 하면 모든 기사를 육하원칙으로 요약하려 한다.

신문기사도 글이고 갈래가 있다. 기사는 보도기사, 의견기사, 해설기사로 나뉜다. 보도기사는 육하원칙으로 정보를 전하는 기사다. 그렇기 때문에 육하원칙을 찾으면서 읽고, 그 내용을 요약하면 된다. 의견기사는 주장이 들어 있는 기사이므로, 주장과 근거를 파악하며 읽어야 하고, 요약 또한 주장과 근거를 정리하여 쓰도록 한다. 해설기사는 사건에 대해 자세한 설명을 하는 기사로 사건의 원인, 배경, 진행 과정, 또는 향후 전망에 대한 내용을 담고 있다. 그렇기 때문에 어떤 내용을 다루었는지 분류하고, 분류한 내용을 간략하게 정리하도록 한다.

　읽기 실력을 높이는 데 있어서는 자신감 또한 무척 중요하다. 글의 종류에 따라 다르게 읽으면서, 구조적으로 읽도록 꾸준히 연습하면 아이들은 읽기에 어느 정도 자신감을 가지게 된다.

　신문이 아이들에게 자신감을 심어주기에 좋은 또 다른 이유는 기사가 짧다는 데 있다. 아무리 긴 기사라도 읽는데 1시간이 채 넘지 않는다. 주어진 시간 안에 자기가 고른 기사 읽기를 완전히 끝내고 그에 대한 자기의 생각 쓰기까지 모두 마칠 수 있다. 무엇인가를 제 시간에 끝마치는 성취감은 자신감이 되고, 이는 곧 읽기를 또 하도록 하는 동기가 된다.

글쓰기 실력을 높이는 NIE

　"같은 일을 되풀이하면서 다른 결과가 나오기를 기대하는 것은 미친 짓이다. 삶의 변화를 원한다면 당신의 생각과 행동을 바꿔야 한다" 우연히 읽게 된 아인슈타인의 말이다. 이 글을 읽는 순간 무릎을 쳤다. '우리 아이들의 글쓰기가 왜 이렇게 안 되는 것일까?', '글 쓰는 능력을 어떻게 하면 향상시킬 수 있을까?'를 항상 고민해왔는데, 그 해답을 엉뚱한 데서 찾게 된 것이다.

　아이들이 글쓰기를 1년에 몇 번 정도하는지를 생각해보자. 저학년 때는 일기라도 쓰지만 고학년부터는 거의 쓰지 않는다. 이렇게 쓰지 않

으면서 글을 잘 쓰기를 기대하는 것은 결국 같은 일을 하면서 다른 결과를 기대하는 것과 같다고 할 수 있다. 즉, 글쓰기 실력을 변화할 수 있는 행동의 변화, 생각의 변화를 일으켜야 하는데, 어느 것 하나 시도하지 않고 바꾸려고 한 것이 무리였던 것이다. 가능하다면 매일, 안 되면 1주일에 한 번이라도 꾸준한 글쓰기를 해야만 한다.

아이들이 매번 글 쓰는 것에 싫증을 느낀다면 이번에 소개하는 방법을 활용해보자. 가끔은 기사를 읽어야 하는 부담을 줄이고 쉽게 이해할 수 있는 만화를 활용하면 새로운 재미를 줌과 동시에 다양한 글쓰기를 할 수 있다.

사실 일간 신문에 실리는 만화는 초등학생들이 읽기에는 어려운 부분이 있다. 시사만화를 이해하기 위해서는 시사에 대한 많은 배경지식이 필요하다. 이러한 이유 때문에 초등학생들에게는 어린이 신문에 실리는 만화를 읽게 하는 것이 좋다. 어린이 신문의 만화는 우리 아이들이 생활에서 겪을 법한 일을 소재로 다루고 있고, 캐릭터 또한 아이들만큼이나 사랑스럽다.

그리고 요즘은 일간 신문에서도 시사만화나 만평 외에 일상에서 일어나는 소재의 만화나 살면서 한 번쯤은 생각해봐야 하는 생각 거리를 제공하는 만화들도 볼 수 있다. 이러한 만화들은 신문사 홈페이지에서 검색할 수 있다.

만화로 하는 활동 중 가장 처음에 하는 활동은 말 주머니 채우기이다. 활동하는 데 큰 어려움이 없기 때문에 대부분의 엄마들은 아이들이 이 활동을 좋아할 것이라고 생각한다. 그리고 쉬운 활동이기 때문에 말

주머니 채우기가 아이의 사고력을 향상시키는 데 별 도움이 되지 않을 것이라고 생각하기도 한다.

   강조하고 싶은 것은 어른들이 생각하는 것만큼 아이들은 말 주머니 채우는 활동을 쉬워하지도 않고 재미있어 하지도 않는다는 것이다. 하지만 이 활동은 글의 전개 과정을 배울 수 있을 뿐만 아니라 논리적인 사고력을 키우는 데도 좋다. 모든 활동이 그러하겠지만 만화를 활용한 활동이 별로 도움이 안 된다고 생각하면서 활동을 하게 하면 아이들은 정말 아무 이유 없이 싸우거나 시비를 거는 것 일색으로 채워 넣는다. 반면에 새롭게 말 주머니를 채워 넣는 일이 창작을 하는 것과 똑같다는 생각을 하면서 활동을 하게 하면, 아이들 또한 창작의 고통을 느끼면서 활동을 한다.

   아이들에게 만화의 줄거리를 구상할 때는 이야기의 기본 구조에 대해 배운 내용을 떠올리게 한다. 이야기는 기승전결 또는 발단, 전개, 위기, 절정, 결말의 구조로 구성된다. 그리고 재미있는 만화들의 대부분은 결말 부분에서 반전을 주어 읽는 재미를 더한다. 재미있는 만화를 만들기 위해서는 정말 많은 생각을 해야 한다.

   이 활동에 이어, 만화에 새로운 이야기를 입히는 활동으로 발전시켜 나갈 수 있다. 여기서도 책을 많이 읽었던 아이들은 어렵지 않게 이야기를 구성해 나간다. 그러나 책을 많이 읽어보지 않아 이야기의 구조에 취약한 아이들은 어려워한다. 이러한 아이들은 말주머니 채우기를 하면서 이야기의 구조를 파악하고 전개하는 연습에 좀 더 노력을 기울일 필요가 있다.

NIE 활동 18

만화 1 (이야기).
기존의 만화에 새롭게 이야기를 입혀보세요

활동 방법

❶ 신문 또는 인터넷에서 만화를 선택한다.

❷ 만화 내용을 간략하게 정리하거나 말을 하도록 하여, 만화의 주제를 아이가 이해했는지 확인한다.

❸ 이해하지 못했다면 이해할 수 있도록 설명해준다.

❹ '만약 내가 동화작가라면' 아이가 동화작가가 되었다는 가정하에 이야기를 써보도록 한다.

❺ 이러한 주제를 어떤 이야기로 전하고 싶은지 새롭게 이야기를 만들어보도록 한다.

만화 2(에세이). 만화를 보고 떠오르는 생각을 자유롭게 적어보세요

　신문 속에는 만평 외에 이미지만으로 메시지를 전달하는 만화도 있다. 사실 아이들은 글보다 이미지에 무척 익숙하다. 익숙한 만큼 무심히 지나칠 수 있는 만화들 중에는 한번쯤 시간을 두고 생각해볼 만한 것들이 많이 있다.

　만화로 에세이 쓰기는 그 이미지를 보고 떠오르는 생각을 특별한 형식을 갖추지 않은 에세이로 표현하게 하는 방법이다. 똑같은 이미지를 보면서도 아이들은 모두 자기만의 색깔로 이야기를 한다. 이러한 자유로운 글쓰기는 표현에 자유로움을 느끼는 약간의 카타르시스와 같은 역할을 한다.

　이때 아이가 쓴 글이 뭔가 부족하다고 생각될 때, 엄마들은 어떤 반응을 보여야 할지 고민에 빠진다고 한다. 모든 글을 다 잘 써야 한다는 강박관념은 엄마나 아이에게 모두 해로운 마음이다. 에세이는 형식과 주제가 자유로운 글이기 때문에 엄마가 그 글에 대해서 잘못을 지적하거나 바르게 쓰기를 지적하는 것을 삼가는 것이 좋다.

　다만 아이의 글이 이해가 되지 않을 때, 무슨 뜻인지를 물어보거나, 너무 짧게 써서 여러 의미가 함축되어 있을 때 구체적으로 설명을 해달라고 말할 수는 있을 것이다. 아무리 형식이 없다고는 하지만 글이라는 것은 의미를 전달하기 위해서 쓰는 것이므로 최소한 완성도는 갖추어야 하기 때문이다.

활동 방법

❶ 신문 또는 인터넷에서 만화 또는 일러스트를 선택한다.
❷ 전하고자 하는 이야기가 무엇인지 한 줄로 간략하게 요약해보도록 한다.
❸ 이미지를 보고 떠오르는 생각을 자유롭게 쓰도록 한다. 어떤 내용도 좋다.
❹ 최소한 5줄 정도는 넘길 수 있도록 한다.

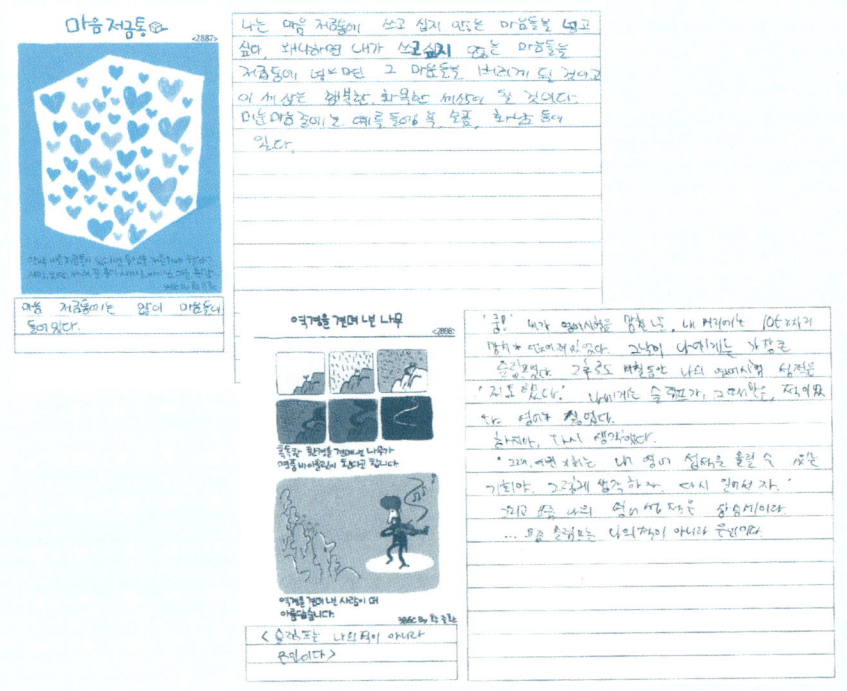

 만화 3(흐름). 이야기의 흐름을 파악하여 만화 일부분을 채워보세요

여러 장면으로 이루어진 만화의 중간 부분을 오려낸 후, 그 빈칸을 채워 넣는 것으로, 만화에서 앞의 내용과 마지막 결말 부분만 보고, 가운데에 어떤 이야기가 진행될 것인지 상상해보는 활동이다. 어떤 원인에 의해 그러한 결말이 나오는지 인과 관계를 유추해서 상상해볼 수 있다.

중간 과정을 상상해보는 활동은 국어 교과에서도 나오는 활동으로 이야기의 흐름을 이해하고, 재미있는 스토리를 구성하는 능력을 키우는 데 도움이 된다.

이 활동을 준비하는 과정에서 한 가지 주의할 점은 아이가 미리 전체적인 만화의 내용을 보지 않도록 하는 것이다. 만화를 보기 전에 엄마가 중간 부분을 오려 놓은 후, 아이에게 주어야 제대로 된 활동을 할 수 있다. 만화를 보고 난 후에 하게 되면 새로운 장면을 만들어 내는 것이 쉽지 않다. 본인의 의지와 상관없이 원래의 스토리에 집착하게 되어 신선한 아이디어가 잘 나오지 않곤 한다.

잘라 낸 부분은 활동을 마친 후에 그 옆에 붙여놓고 자신의 작품과 비교해보는 것도 하나의 방법이다. 아이들은 작가와 비슷하게 이야기를 구성했을 때 무척 기뻐한다. 마치 정답을 맞춘 듯이 좋아하고, 반면 다른 이야기로 전개를 했을 때 실망하기까지 한다.

이야기 전개가 억지스럽다면 어디서 추론이 잘못되었는지 확인하는 과정이 필요하겠지만, 논리적으로 아무 문제가 없다면 오히려 칭찬해주어야 한다.

활동 방법

❶ 신문 또는 인터넷에서 여러 컷으로 구성된 만화를 선택한다.
❷ 아이가 만화를 보기 전에 먼저 앞부분을 오려둔다.
❸ 뒷부분을 보고 앞에 있을 내용을 상상하여 만화로 표현한다.
❹ 뒷부분을 오리거나, 가운데 부분을 오려서 활동할 수도 있다.

만화 빈칸 채우기

NIE 활동 21

만화 4(4컷 만화),
기사의 내용을 4컷의 장면으로 표현해보세요

    기사를 읽고 기사의 내용을 4컷 만화로 표현해보는 활동이다. 기사에 대해 자기의 의견을 나타내거나 풍자하는 활동이 아니라 기사의 내용에 대한 사실적 이해로, 기사를 만화로 표현하는 활동이다.

    중·고등학생인 경우는 비판적인 내용이나 풍자적인 요소를 넣어 충분히 표현할 수 있다. 하지만 초등학생인 경우는 기사의 내용을 충실하게 반영한 만화를 그리도록 하는 것이 좋다.

    기사를 읽고 자신의 생각을 글로 표현하는 것을 싫어하는 아이들이 있다면 만화로 표현하도록 하는 것도 좋겠다. 만화로 몇 번 하다 보면 만화가 더 힘들고 어렵다고 자기 스스로 그냥 글로 쓰겠다고 할 것이기 때문이다. 만약 만화로 하는 활동을 꾸준히 잘해낸다면 만화야말로 그 아이가 가진 재주일 것이다. 그렇다면 더욱 말릴 이유가 없을 것이다.

    여러 장면으로 표현하라고 한다면 이야기를 부드럽게 이끌 수 있기 때문에 표현하기는 더 수월할 수 있다. 하지만 4컷으로 표현하기 위해서는 기사에서 중요한 핵심을 골라 표현해야 하기 때문에 기사의 내용을 정확히 파악해야 한다. 짧게 표현할수록 함축적이어야 하고, 상징적인 것을 잘 표현해야 하기 때문에 만화라고 해서 결코 쉬운 일은 아니다.

활동 방법

❶ 신문을 넘기면서 마음에 드는 기사를 선택하여 오린다.

❷ 기사의 내용을 육하원칙으로 정리한다.

❸ 전체 내용을 네 장면으로 나누어 표현해본다.

❹ 만약 아이가 어떻게 해야 할지 모르는 경우, 첫 장면에서는 누가, 언제, 어디서에 해당하는 정보를 표현해보도록 한다.

❺ 2, 3, 4번에서는 무엇을, 어떻게, 왜를 적절히 나누어 표현할 수 있다.

❻ 인터뷰 내용이 있다면 대화로 표현할 수 있다.

NIE 활동 22

핵심어를 찾으며 기사를 자세히 읽어보세요

신문과 어느 정도 친해지고 신문 펼치는 것이 좀 익숙해졌다고 생각되면 기사를 좀 더 자세히 읽도록 유도해야 한다. 매일 똑같은 방법으로 신문을 읽게 했을 때 아이들은 슬그머니 기사를 대충 읽거나 어려운 내용이 나오면 대충 건너뛰면서 읽는다. 사실 기사를 잘 읽는 아이들도 가끔 싫증을 내는 것은 당연한 일이기도 하다.

그래서 가끔은 게임을 하여 신문 읽기에 변화를 주자. 이 게임을 하는 이유는 재미를 느끼게 하는 것도 있지만 핵심어를 기억하면서 읽게 하기 위해서다.

'기사 읽고 빙고' 게임은 기사의 핵심어를 찾아 빙고 칸에 넣은 뒤, 엄마와 함께 빙고 게임을 하는 것이다. 그러기 위해서는 먼저 엄마와 아이가 함께 기사를 읽으면서 핵심어를 찾아 표시하면서 읽어야 한다. 그런 다음, 각자 자기의 빙고판에 핵심어를 넣고, 빙고 게임을 한다. 이 활동을 하기 위해서는 엄마가 핵심어를 잘 찾을 수 있어야 한다. 신문기사의 구조를 파악하면 핵심어를 찾기가 쉬울 것이다.

보도기사에는 어떤 사건, 사고에 대해 객관적인 정보를 전달하는 기사이기 때문에 육하원칙에 해당하는 내용을 찾는다. 그리고 보도기사는 중요한 사실을 앞에 전달하고, 그 다음으로 세부 사항을 전달하도록 글을 구성한다. 그렇기 때문에 주요 사실에 대한 자세한 설명이 뒷부분에 이어진다.

이와는 달리 의견기사는 어떤 사안에 대해 객관적인 근거를 들어 개인의 의견을 주장하는 글이기 때문에 근거와 주장 파악이 중요하다. 곧 근거와 주장 내용에 핵심어가 들어 있다고 할 수 있다. 그리고 핵심어와 주요 단어는 자주 반복된다. 많이 반복된 단어를 중심으로 찾는 것도 또 하나의 방법이다.

초등학교 고학년 이상인 경우에는 한 주제에 대한 보도기사와 의견기사를 모두 읽은 후, 그 두 기사에서 핵심어를 찾아보도록 한다. 이렇게 게임을 하면서 기사를 읽으면 보다 꼼꼼하게 읽으면서도 재미있게 읽을 수 있다.

이 빙고 게임은 여러 명이 함께 할수록 재미있기 때문에 가족이 함께 하는 것도 좋다. 재미삼아 상품이라도 걸고 하면 아이들은 눈에 불을 켜고 열심히 할 것이다.

04 사회 과목 만점 비결, NIE가 정답이다

　사회과 교육과정상의 정의를 보면 '사회생활에 필요한 지식과 기능을 익혀 이를 바탕으로 사회 현상을 올바르게 인식하고, 민주 사회 구성원에게 요청되는 가치와 태도를 지님으로써 민주 시민의 자질을 갖추도록 하는 교과'*라고 명시하고 있다. 또 사회 과목은 지식으로서의 이해가 아니라 실제 생활에서 유용하게 활용하기 기대되는 과목이라고 밝히고 있다.

　그러나 실제로 사회 과목은 우리 아이들에게 이해가 안 되는, 지루하고 외워야 할 것이 너무 많은 과목으로 인식되고 있다. 그 이유는 사회를 이해하기에는 아이들의 시각이 좁고, 사회생활의 경험이 짧기 때문일 것이다.

---

* 사회과 초등학교 교사용지도서

우리 고장, 나라, 세계를 배우고, 더 나아가서는 우리나라의 역사까지 포함하여, 시공간을 초월한 사회의 모습을 아주 짧은 교과서 몇 줄로 이해할 수 있다면, 그것이 더 이상한 것이 아닐까?

신문은 사회를 비추는 거울이라고 한다. 신문 속에는 사회 교과의 내용이 다 들어 있다고 해도 과언이 아니다.

예를 들어, 초등 6학년 사회에서는 민주주의를 실현하는 기관인 국회, 정부, 법원 등에 대해서 배운다. 입법 기관은 국회, 행정 기관은 정부, 사법 기관은 법원이다. 그런데 이러한 내용을 외우려한다면 어려운 말이기도 하고, 아이들의 피부에 와 닿지 않는 내용이기 때문에 억지로 외워야 한다.

4학년 1학기 2단원의 '주민 참여와 우리 시·도의 발전'을 배우면서 지방 자치 단체의 종류와 자치 단체가 하는 일, 공공 사업 등을 배우는데, 이 또한 지식으로 배우면 이해가 쉽지 않아 아이들이 어려워한다.

이렇듯 교과서 속에서 어렵게 설명되는 지식을 살아 있는 현실로 연결하여 주는 부교재의 역할을 신문이 할 수 있다. 우리나라의 민주 정치에 대한 기본적인 이해를 교과서에서 다지고, 이를 바탕으로 우리 생활에서 다양한 정치 생활의 실례를 신문에서 찾아보면서 아이들의 이해를 도울 수 있다.

예를 들어 투표에 참여하는 시민들의 이야기를 읽으면서 선거의 과정, 대표자의 공약을 눈여겨보는 방법 등 정치에 참여하는 실질적인 모습을 배울 수 있다. 또 아이들이 좋아하는 연기자들이 군대에 입대하는 연예면 기사를 보면서도 국민의 의무인 국방의 의무에 대해 이야기를 나눌 수 있다. 연말만 되면 단골 기사로 나오는 올해의 우수 납세자 기사, 미국의 부자들이 세금을 더 내게 해달라고 요구하는 기사를 읽으면서 납세의 의무와 필요성을 배우게 된다. 이렇듯 신문의 기사를 읽으면서 민주 시민으로서 알아야 하고, 지켜야 하는 내용들을 실제의 이야기들로 배우게 된다.

또 우리 아이들은 남북 분단, 통일에 대해 매 학년 사회 교과와 도덕 교과에서 배운다.

지식으로 배우는 내용으로도 새롭지 않고, 이미 선행을 한 친구들은 지겨움을 느끼기도 한다. 이러한 학생들이 수업 시간에 집중할 리 없고, 배우기는 하되, 한 귀로 듣고 한 귀로 흘리게 될 것이다.

그런데 북한에 대해 학습할 때 교과 내용과 함께 신문에서 북한의 소식을 직접 찾아서 읽으며 호기심을 자극하고, 북한에 대해 더 알고 싶은 마음을 일으킨 후에 수업을 하게 된다면 아이들은 무척 흥미를 가지고 수업에 참여하게 된다. 신문 속의 이야기는 바로 지금 우리에게 일어나고 있는 일들이기 때문이다.

지금까지의 내용을 정리해보면, 신문을 활용하여 교과 공부를 한다는 것은 교과 내용에 해당하는 실제 사례를 신문에서 찾아 학습 내용의 이해를 돕고, 학습 내용을 배우기 전에 앞으로 배우게 될 내용에 대해 알고자 하는 동기를 유발하여 수업에 집중하게 할 수 있도록 하는 것이다. 또 교과에서 배웠던 내용과 관련된 기사를 읽으면서 교과 내용을 확장하는 효과를 보게 하는 것이라고 말할 수 있다.

남북의 분단과 통일, 북한에 대해서 배우는 단원

5학년 2학기 사회 3. 대한민국의 발전과 오늘의 우리

6학년 2학기 사회 3. 정보화, 세계화 그리고 우리–통일과 인류 공동 번영의 길

4학년 2학기 도덕 5. 하나 된 나라 평화로운 세상

5학년 도덕 6. 우리는 하나

6학년 도덕 5. 통일 한국을 향하여

6-1 사회 5단원
우리 나라의 인구

탐구: 9월 6일 연합뉴스 저녁과 경초 자료 기사를 스크랩. 3인가 2인 이하로 줄어들다.

느낀점
농촌에 사는 사람들이 줄어들고 있다
도시에 사람들이 모여난다
농촌의 고령화가 되어가고 있다
궁금한 점.
왜 사람들 도시로 갈까?

128 행복한 NIE 교과서

단순한 신문 읽기는 그만,
NIE는 시대의 '트렌드'를 읽게 한다.

4

신문은 가장 좋은 제 2의 논술 교과서

엄마는 아이의 첫 번째 논술 선생님

01

한 개그 프로에서 역설 화법으로 한참 인기를 끌던 코너가 있었다. 우리 사회를 유치원에 빗대어 풍자하는 코너인데, 아이들의 진학을 담당하시는 선생님의 이름이 '일수꾼'이라는 이름에서 빵 터지고, 또 재미있는 옛날 이야기를 들려주시는 선생님의 이름이 '쌍칼'이라는 것에서도 또 한 번 큰 웃음을 준다.

이러한 웃음은 논리적인 규칙과 추리로 예상된 답변이 아닌 반전에서 비롯된다. 우리의 사고는 매우 논리적이어서 의식적으로 노력하지 않아도 이야기에 오류가 있을 때 웃음이 나오고, 상대방 행동에 오류가 있을 때는 당황하게 된다.

생각이 혼란스럽거나 논리적으로 바르게 추리하지 못하는 것을 오류라고 한다. 우리는 논리, 오류라는 말이 우리 생활과 동떨어진, 학문에서나 쓰이는 말이라고 생각하지만, 우리가 의식하지 못할 뿐 생활에 늘 논리는 들어 있고, 하루에도 몇 번씩 오류를 범하고 있다.

그동안 우리는 아이들에게 논리적인 사고를 해야 한다, 논술을 잘하기 위해서 논리적으로 말하는 연습을 해야 한다고 가르쳐왔지만, 정작 논리가 무엇인지, 논리적으로 서술하기 위해서 범하지 말아야 하는 오류가 무엇인지에 대해서는 가르치지 않았다.

그렇기 때문에 아이들은 자기가 어떻게 말을 해야 논리적인지, 또 타당한 말을 하는 것인지 알지 못하고 감으로 설득했고, 상대방 아이들은 감으로 받아들이는 경우가 허다했다.

예전에 한 토론 대회를 진행한 적이 있다. 나름 똑똑하다는, 말을 논리적으로 잘한다는 친구들이 모인 두 팀이 겨루기를 펼쳤다. 정해진 주제에 대해 자료를 준비하여 만반의 준비를 끝낸 아이들이었다. 처음 입론을 하였을 때까지는 준비해 온 원고가 있기 때문에 크게 문제될 것이 없었다. 하지만 서로 논박하는 가운데서 아이들은 헤매기 시작했다.

상대의 의견에 반론을 제기하는 과정에서 상대가 하는 말이 왜 논리적이지 않은지, 그것이 왜 근거가 될 수 없는지를 지적하는 것이 아니라 '말이 안 통한다. 말이 되지 않는다'로 일관했다.

이러한 말들은 상대의 심기를 불편하게 했고, 감정에 휩싸여 인신 공격을 하는 바람에 토론은 잠시 중단되어야 했다. 토론 대회를 예를 들지 않아도 일반 학교 교실에서 여러 명이 하는 토론을 하다 보면 아이들이 얼굴을 붉히고 기분 나빠하는 표정들을 보곤 한다.

이러한 현상은 비단 학생들에게서만 나타나는 것이 아니다. 어른들의 토론장에서도 마찬가지다. 어머니 대상 수업을 하면서 토론을 시켜 보면 논리로 상대를 설득하는 것이 아니라 나이로, 상대의 단점을 들추면서 토론을 하는 모습까지 볼 수 있다. 그런데 이러한 현상이 나타나는 이유는 논리적으로 생각하고 말을 하는 것이 우리 생활에서 익숙한 일이 아니기 때문일 것이다.

논술이란 어떤 것에 대하여 논리적으로 서술하는 것을 말한다.
다시 한 번 말하면 생각을 이치에 맞게 서술한다는 의미다.

지금 우리가 배우고 있는 논리는 서양에서 유래되어 개화기 이후에 들어온 학문이다. 유교적 전통과 학문이 오백년 넘게 전해져 온 것과 비교한다면 불과 100년도 되지 않았을 뿐만 아니라 모든 국민이 배우기 시작한 것으로 따져본다면 50년이 채 되지 않은, 익숙하지 않은 사고 방법이다.

논리는 우리 전통사상과 상충되는 부분이 많은 학문이다. 우리 전통에서는 논리보다는 경로사상이 먼저고, 어린 사람의 논리적인 주장은 윗사람에게 말대답을 하는 것이라는 의식이 아직도 남아 있다. 그래서 어른이 무슨 말을 하면 그저 "예, 예"라고 대답하라고 배워 왔다.

그래서 아무리 근거가 분명해도 나이가 어린 사람이 논리적으로 주장하며 어른에게 자기의 주장을 하면 버릇없다는 표현을 쓰기도 한다. 또 집안에서 논리적인 주장을 하며 부모의 주장에 반박을 하면 말대답을 꼬박꼬박한다며 야단맞기 일쑤다.

우리의 이러한 가정환경에서 아이가 논술을 잘할 수 있을 것이라고 생각하지는 않을 것이다.

왜냐하면 논리적인 사고라는 것은 글을 쓸 때만, 토론 대회에서만 필요한 것이 아니라 판단을 해야 하는 매 순간마다 필요한 것이고, 이러한 순간들이 이어져서 판단의 기준으로 정해지기 때문이다.

옳고 그름을 판단하는 기준, 즉 비판적인 사고의 기준은 아이의 가치관으로 자리 잡게 되고, 논리적인 사고, 이성적인 사고를 하는 아이들로 자라게 된다. 그렇기 때문에 아이들의 논술은 사실 가정에서 기본이 다져진다고 말하고 싶다.

그리고 아이들을 논리적으로 키우고 싶다면 아이들을 딜레마의 상황에 자주 빠뜨려야 한다. 살다 보면 이러지도 저러지도 못하는 일들이 삶의 곳곳에서 뾰족뾰족 튀어나오곤 한다. 아이들에게 있어서는 재미있지만 나중으로 미뤄야 하는 일들도 있고, 정말 하고 싶지만 하면 안 되는 일도 있을 것이다.

예를 들어, 친구와 게임을 하기로 약속했는데 평일에는 게임을 하지 않기로 한 엄마와의 약속이 있다면, 어느 약속을 지켜야 할 것인지 무척 고민될 것이다. 안 하면 친구들이 자기를 원망할 것이고, 하게 되면 엄마에게 혼날 것이다. 어른들에게는 별일 아니지만, 아이들에게는 이만한 딜레마도 없다.

이러한 상황에서 아이는 판단을 내릴 것이다. 어떤 가치가 우선하는가를…….

'친구와의 약속인가? 엄마와의 약속인가?'

아이가 이런 상황에 처해 있다면, 그런 약속을 한 것 자체에 대해 일방적으로 야단을 치는 것은 논리적인 사고를 할 수 있는 기회를 날려버리는 것이라 하겠다. 오히려 이런 기회를 살려 아이가 옳은 판단이 어떤 것일지를 고민해보게 하는 것이 현명할 것이다.

생활 속의 논리, 논리의 오류에서 빠져나와라

02

우리 가정에서의 일과를 한번 떠올려보자. 엄마는 아이들을 아주 논리적인 사고를 하는 아이로 키우고 싶다. 그래서 항상 나름 공평한 사고를 하려고 노력한다. 그런데 이때 아이들의 말싸움이 시작된다. 처음에는 아주 공정한 마음으로 큰 아이와 작은 아이의 이야기를 번갈아 가면서 들어준다.

큰 아이에게는 "이 점은 네가 잘못했구나", 또 작은 아이에게는 "그 점은 너의 잘못이니 서로에게 잘못했네. 그러니 그만 화해해라"라며 최대한 공평하게 평정시키려 할 것이다. 하지만 끝까지 고집을 피우며 싸우는 소리를 듣다 보면 엄마도 지치게 된다. "듣기 싫어, 너희 숙제 다 했어? 각자 자기 방으로 가"라며 싸움을 종결시키려 한다.

이때 동생이 억울하다며 순순히 물러날 기세를 보이지 않고 "형도 지난번에는 이렇게 했단 말예요. 그런데 왜 난 그러면 안 되는 건데요?"라며 계속 불만을 이야기하면, 엄마는 아이에게 이렇게 말한다. "어쨌든! 어딜 형에게 함부로 덤비니? 그렇게 형에게 덤비면 나쁜 동생이야. 조그만 게 아주 못 됐어" 이렇게 해서 아이는 야단을 맞으며 이 사건은 마무리된다. 이는 일반적인 가정에서 흔히 볼 수 있는 장면이고, 여러 번 반복되지만 결말은 늘 같은 상황이 되곤 한다.

그런데 이렇게 주고받은 말들에는 아주 많은 오류가 들어 있다. 먼저, 가장 흔한 오류인 논점 일탈의 오류이다. 아이들과 대화를 하다 보면 아주 쉽게 엄마들은 논점을 일탈하곤 한다. 아이가 서로의 잘못을 지적할 때까지의 논점은 '누구의 잘못인가'였다. 그런데 한 순간에 논점은 '숙제를 했는가'로 넘어가 버린다. 그리고 작은 아이가 형도 했으므로 나도 해도 된다고 말하는 것은 피장파장의 오류이다. 형이 했던 행동이라고 해서 동생도 해도 되는 것은 아니기 때문이다.

또 엄마들이 대화를 하다가 논리적으로 말하기 힘들 때나 말이 막히는 상황이 오면 '어쨌든'이라는 말을 많이 한다. '어쨌든'이라는 말은 '어찌 되었든'이라는 말로 '지금까지 했던 논리적인 말이 어찌 되었든 간에'라며 논리적인 말을 모두 무시하는 말이 되는 것이다.

형에게 덤비면 나쁜 동생이라고 말을 하는 것은 흑백논리의 오류이다. 윤리적으로는 맞는 말이 될 수 있지만, 어떤 이유로도 형에게 말대꾸를 하면 나쁜 동생이고, 말대꾸를 하지 않으면 착한 동생이 된다. 우리나라에서 가장 많이 애용되었던 오류로, 이념이나 정치 성향을 가지고 많이 이용되었다.

마지막으로 이 싸움과 조그만 신체적인 조건과는 아무 상관이 없지만 엄마는 조그맣다는 인격 모독의 오류까지 범하고 있다. 우리는 아주 일상적인 대화라고 생각하였던 것이 오류투성이의 감정적인 대화였던 것이다. 아이들과 이러한 대화를 나누면서 우리 아이가 논리적인 사고를 하고 조리 있게 자기의 주장을 이야기하기 바라는 것이야말로 바로 오류가 아닐까 생각한다.

그리고 오류를 알면 토론에서도 상대방의 주장에서 오류를 찾아낼 수 있다. 한참 CCTV 설치에 대한 찬반 논란이 뜨거운 적이 있었다. 신문 기사를 읽고 범죄를 예방할 수 있기 때문에 설치를 해야 한다고 주장하는 아이들과 사생활이 침해되기 때문에 설치해서는 안 된다고 주장하는 아이들로 나뉘어 토론을 하게 되었다.

CCTV 설치를 주장하는 아이들의 근거를 가만히 들어 보니 범인이거나 나쁜 짓을 안 한다면 CCTV에 찍히는 것을 두려워하는 이유가 없다고 주장한다. 반대하는 것을 보면 뭔가 숨기는 것이 있다는 것이다. 아이들다운 발상이다.

이때 상대편 아이들은 흰색이 아니면 흑색이라는 논리를 어떻게 반박해야 할지 몰라서 답답해하는 모습을 보았다. 이때 이 아이들이 흑백 논리의 오류를 알았더라면 반박을 하며 오히려 상대편의 실수를 지적할 수 있었을 것이다.

상대의 근거가 부적절하거나 주장에서 논리적이지 않다는 것을 오류로 지적할 수 있어야 한다. 그렇지 않으면 상대를 논리적으로 설득하는 것이 아니라 감정싸움으로 번지고 만다. 논리적으로 근거를 대고, 오류를 범하지 않아야 한다.

그러면 신문을 읽으면 오류를 범하지 않게 될까? 그것은 아니라고 생각한다. 오류는 신문기사에서도 많이 발견되곤 한다. 그렇기 때문에 부모님들은 더더욱 오류에 대해 어느 정도 알아야 한다. 신문 속에 있는 오류를 진실로 받아들여서는 안 되기 때문이다.

요즘은 논리와 오류를 초등학생의 수준에 맞게 풀어 쓴 책들이 많이 나와 있어서, 아이를 읽히면서 엄마도 함께 읽으며 배울 수 있다. 물론 아이들이 그런 책을 읽으면서 당장 논리와 오류를 꿰뚫을 수는 없다. 또 오류의 정확한 이름을 기억하지 못해도 크게 문제될 것은 없다. 기억은 못하지만 뭔가 앞뒤가 맞지 않는 불편한 관계를 느끼는 정도만 알아도 된다. 학문으로 접한 것을 일상생활에 접목하기까지는 오랜 경험이 필요하기 때문이다. 그렇게 불편한 것을 느끼면서 아이들은 서서히 논리와 오류를 익혀 가게 될 것이다.

03 신문은 가장 좋은 제 2의 논술 교과서

아이들에게 기사를 읽을 때는 항상 비판적 읽기를 하라고 이야기한다. 비판적 읽기는 글에서 주장하는 내용이 옳은지, 옳지 않은지를 판단하면서 읽는 것을 말한다. 하지만 어떤 기준으로 옳고 그름을 판단할 수 있을까?

일반적으로 신문에 실리는 글은 전문가의 글, 글을 잘 쓰는 사람의 글이라는 생각에 이의를 달지 않고 그들의 주장을 그대로 받아들이는 경향이 있다. 잘 모르는 분야이기도 하고 신문의 권위에 눌려 토를 달지 못하는 이유도 있다. 더욱이 교과서와는 달리 많은 배경지식을 요하는 신문의 사설이나 칼럼의 타당성을 가려내는 것은 쉽지 않은 일이다.

그 글의 주장이 타당한지, 타당하지 않은지를 판단하기 위해서는 주장을 할 때 내세운 근거가 타당한지를 판단하면서 읽어야 한다. 그리고 근거의 타당성은 근거가 객관적인 사실인지, 아니면 개인의 의견을 들은 것인지로 판단할 수 있다.

그러면 여기서 또 한 가지 궁금한 점이 생길 것이다. 무엇이 객관적인 사실이고, 무엇이 개인의 의견인가?

초등학교 국어 3학년 1학기, 3단원을 보면 사실은 '실제로 있는 일을 그대로 나타낸 것, 대부분의 사람들이 그렇게 생각한 것'이고, 의견은 '어떤 사실에 대한 나의 생각', '사람에 따라서 생각이 다르다'라고 배운다.

교과에서 배운 내용을 기준으로 기사 문장을 읽으면서 스스로 판단해 가며 읽어야 한다. 그러기 위해서는 두 가지 이상의 색연필을 준비해야 한다. 문장 한 줄 한 줄 읽으면서 의견과 사실을 다른 색으로 줄을 그으며 읽기 위해서이다.

그냥 읽었을 때는 이 글이 타당한 주장을 한 글인지, 그렇지 않은 글인지 판단하기 어렵지만, 이렇게 색연필로 표시하면서 읽어 보면 전체적인 색깔로도 어느 정도의 타당성을 가진 글인지를 판단할 수 있게 된다.

논술에서의 근거의 타당성은 매우 중요하다. 객관적인 사실, 통계 자료 등으로 근거를 제시했을 때는 그 주장에 대한 신뢰도가 높아지며 설득력을 가지는 반면, 자기의 경험이나 의견을 내세우며 주장을 하는 글은 아무래도 타당성이 떨어지기 때문에 설득력이 떨어지게 된다.

그리고 이렇듯 사실과 의견을 구분하고 난 후, 그 의견에 대한 자기의 생각을 정할 수 있을 것이다. 그 의견에 찬성 또는 반대하는지, 그 의견이 옳다고 생각하는지, 옳지 않다고 생각하는지로 정할 수 있을 것이다.

타당성, 객관적 사실과 개인의 의견을 구별하며 읽어요

활동 방법

❶ 흥미로운 칼럼(의견 기사)을 선택한다.

❷ 사실이라고 생각하는 문장에는 파란색, 의견이라고 생각되는 문장에는 빨간색 펜으로 밑줄을 그으면서 기사를 읽는다.

❸ 기사의 타당성을 평가해본다.

❹ 기사에 대해 한 자기의 생각을 정하여 글을 써본다.

사실 : 객관적인 기준이 있는 줄.
구장 : 주관적인 기준 갖고 쓴 줄.

PART 4 : 신문은 가장 좋은 제 2의 논술 교과서   143

글과 말을 논리적으로 풀어 나가는 '6단 논법'

04

신문 읽기의 필요성을 느낀 학부모님들이 아이들에게 가장 쉽게 권하는 방법이 신문을 읽고 마음에 드는 기사를 고르게 하여 느낀 점을 쓰게 하는 방식이다.

이러한 방식으로 아이에게 신문 일기를 쓰게 한 경험이 있는 학부모라면 기대에 못 미치는 아이의 글을 보고 고민에 빠진 적이 있을 것이다. 대부분의 아이들이 쓴 글을 읽어 보면 '그 사람들이 왜 그런지 이유를 알 수 없다' 또는 '너무 한 것 같다'등 너무나도 뻔한 말을 써 놓는다. 이때 엄마들이 '다른 생각은 없느냐, 그것 외에 다른 말 좀 더 써봐라'라고 하면, 아이들은 더 이상 쓸 말이 없다며 말을 끝내 버린다.

글에 뭔가 부족함을 느껴서, 이번에는 기사를 요약한 다음, 자기 생각을 써보라고 하면 아이들은 더욱 고개를 젓는다. 요약이 더 어렵기 때문이다. 이런 아이를 보고 있자면 엄마도 답답하기는 마찬가지다. 우리

부모 세대에서는 국어 시간에 요약을 해보지 않았기 때문에 어떻게 요약해야 할지 모르긴 매 한가지이기 때문이다.

　자기의 생각 쓰기를 어려워하는 아이들에게 글다운 글을 쓸 수 있도록 도와주는 방법으로는 6단 논법이 있다. 6단 논법은 토론을 할 때 논리적으로 자기의 생각을 말하는 방법이다. 신문을 읽고 6단 논법에 맞게 글을 쓰게 하면 논리적으로 말하기뿐만 아니라 그리 어렵지 않게 논리적인 글을 쓸 수 있게 된다.

　6단 논법의 좋은 점은 첫째, 글을 논리적으로 쓸 수 있다는 것이다. 흔히 '개요짜기'라고 해서 서론, 본론, 결론의 내용을 미리 생각해보는 과정이 있다. 대부분의 학생들은 개요짜기를 무척 싫어한다.

　서론, 본론, 결론 세 칸에 나누어 써놓고도 자기가 하고자 하던 이야기는 온데간데없이, 엉뚱한 곳으로 글을 써버리기 일쑤이기 때문이다. 그래서 삼천포로 빠지지 않게 길을 안내하는 방법이 6가지 단계를 주는 방법이다. 6단계에 걸쳐 글을 써내려 가다 보면 중언부언하지 않고, 또 옆으로 빠지지도 않고 글을 쓸 수 있다.

　6단 논법의 두 번째 좋은 점은 반론을 예상하고 그 반론에 대한 반박까지하기 때문에 설득을 극대화할 수 있다는 것이다. 설득하는 글을 쓸 때 우리는 '어떤 근거에 의해 이러한 주장을 한다'는 구성을 하게 된다. 6단 논법에서는 내가 어떠한 주장을 하면서 내 의견만 옳다고 주장하는 것이 아니라, 있을 수 있는 반론을 인정하면서 그 반론을 꺾어 주는 형식이다. 자기의 주장을 하면서도 한편으로 있을 수 있는 반대 의견을 짚어주는 것이다.

즉, "내 주장만 옳다는 것이 아니라 당신의 생각도 옳소. 하지만 당신의 주장에는 이러한 해결책이 있으니 내가 편협한 생각을 한 것은 아닙니다"라며 반론의 싹을 없애면, 상대는 나의 주장에 무방비 상태가 된다.

6단 논법으로 정리하는 방법으로는 먼저 기사의 안건을 정하도록 한다. '~에 대해 어떻게 생각하는가, ~이 옳은가? 또는 ~에 찬성하는가?' 하는 부분이 안건이 되고, 그에 대한 나의 생각이 결론이 된다. 그 다음은 이유와 이유 설명 부분인데, 이를 합하면 문단이 되는 것으로, 중심 문장과 뒷받침 문장의 관계로 이해하면 된다.

초등학생의 경우, 저학년일 경우는 안건과 결론, 이유까지 3단계까지의 글을 쓰도록 한다. 문단의 짜임인 중심 문장과 뒷받침 문장을 배우는 것은 3학년 2학기 때이므로 중학년부터 이유와 이유 설명까지 4단계의 글을 완성하도록 한다.

고학년 이상부터는 상대의 반론을 예상하고, 그 반론을 꺾어 자신의 의견을 다시 한 번 강조하여 주장을 정리하는 부분까지 6단계까지 완성하도록 한다.

단계		내용	
1단계	안건	문제 상황, 찬성과 반대가 맞설 수 있는 것으로 정한다.	초등저학년 / 초등중학년 / 초등고학년
2단계	결론	자신의 주장을 정한다.	
3단계	이유	주장에 대한 근거를 제시한다.	
4단계	설명	근거에 대한 이유로, 구체적이어야 한다.	
5단계	반론, 반론 꺾기	상대방이 제기할 주장과 근거에 대해 예상 반론을 한다. 반론에 대한 대안이나 해결책을 제시한다. 논리적으로 타당한 안건을 선택하고 싶을 때나 상대팀의 주장을 미리 예측할 때도 사용한다.	
6단계	정리	어떤 주장도 절대적일 수 없다. 자신의 주장에 대한 주장을 더욱 확실히 한다.	

PART 4 : 신문은 가장 좋은 제 2의 논술 교과서

NIE 활동 24

찬반 토론. 신문은 찬반 토론장,
상반된 의견을 비교, 대조하면서 읽어요

어떤 사건이 사회적인 논란을 일으키며 쟁점이 되면 신문은 찬성과 반대의 토론장이 되곤 한다. 사건이 불거짐과 동시에 그 분야에 이해 관계가 얽힌 사람들, 전문가들, 각계 각층 사람들의 글들이 신문을 가득 메우게 되는데, 이런 사안들 중에는 논쟁을 통해 가장 최선의 답을 찾아야 하는 세계인의 관심사인 경우가 많다. 예를 들어 사형제도, 존엄사, 환경보존과 개발, 그리고 얼마 전 큰 이슈가 되었던 성범죄자들의 화학적 거세 등과 같은 인권 문제들이 이에 속한다.

인권, 전쟁, 자유, 환경 등과 같은 이러한 문제는 사실 어제 오늘 발생한 문제가 아니며, 정도의 차이가 있을 뿐 인류 역사 이래 계속 되어 왔던 문제들이다. 아마도 인류가 살아가는 동안은 계속 고민하며 풀어 가야 할 숙제일 것이다.

그런 문제들은 학생들도 한 번쯤 심각하게 생각해볼 필요가 있다. 그런데 마침 친절하게도 이러한 사건들을 접할 때마다 신문은 엄청난 정보를 쏟아놓는다. 각 나라마다 달리 실행되고 있는 해결책 또는 진행되던 해결책이 성공한 사례와 실패한 사례, 실패했던 사유와 해결 대안, 향후 전망 등 다양한 관점으로 그 사건을 보도해준다.

    이러한 전문가들의 글들은 아이들의 토론 학습에 매우 유용하다. 주장을 뒷받침하는 객관적인 근거와 구체적인 사례로 쓰이기 때문이다. 그래서 토론을 준비할 때는 토론 주제와 관련된 기사를 최대한 많이 찾아보게 하고, 그 안에서 근거를 준비하도록 한다.

    물론 여러 개의 기사를 읽다 보면 반복되는 내용도 많고, 약간의 차이만 있는 것들도 있기 때문에, 아이들은 똑같은 내용인 것 같은데, 무엇하러 다 읽어야 되느냐며 불만을 표시하기도 한다.

    하지만 이렇게 비슷한 기사를 여러 개 읽다 보면 중요한 부분을 반복해서 읽게 되고, 반복되었던 내용은 자기의 배경지식이 되어 머릿속에 남게 된다. 그리고 여러 개의 기사를 읽다 보면 다양한 정보를 알게 되어 그 주제와 관련된 풍부한 지식을 갖게 된다. 이러한 과정을 거친 후에 토론이나 주장글을 쓰게 되면, 토론에서 상대방이 어떤 반론을 제기해도 그에 반박할 수 있는 근거를 마련하게 되고, 글에 녹아나서 풍부한 주장글이 되는 것이다.

    사실 아이들이 토론에서 구체적으로 표현하기 어려워하는 이유는 근거가 빈약하기 때문이다. 주장을 하고 싶어도 아는 것이 없고, 근거로 들 수 있는 객관적인 사실들이 부족한데, 바로 이러한 부분을 채워주는 역할을 하는 것이 신문 기사다.

활동 방법

❶ 아이들이 옳은 선택을 할 수 있도록 보도기사, 견해가 다른 칼럼을 함께 스크랩하여 각각의 주장과 근거를 스스로 정리해보도록 한다.

❷ 두 의견을 비교 대조하여 읽은 후 자기의 의견을 결정한다.

❸ 결정한 후 자기의 생각을 정리하여 쓴다. 이렇게 의견 결정하는 연습을 하면서 아이들은 올바른 가치관을 형성하게 된다.

	칼럼 1		칼럼 2
주장		주장	
근거		근거	
내 생각			

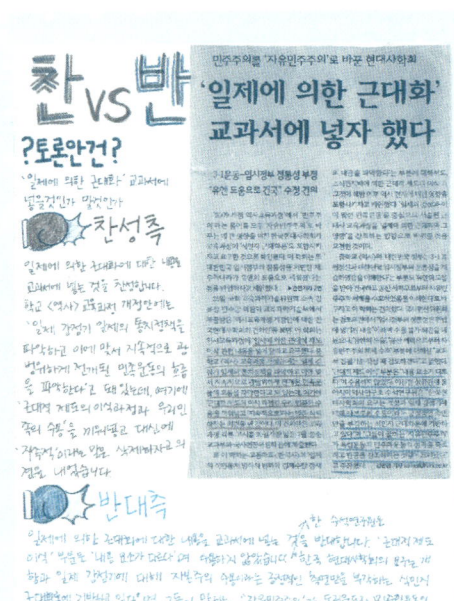

개요 파악. 사설, 칼럼 읽고 주장을 파악하여 근거를 정리해봐요

　칼럼과 사설은 주장이 담긴 의견기사다. 대부분의 칼럼과 사설은 전형적인 논술문의 형태를 띠고 있다는 공통점이 있다. 칼럼은 사회 현상 또는 문제에 대해 원인을 분석하거나 해결 방법을 제시한 전문가들의 개인적인 글인 반면에 사설은 신문사의 관점이 반영된 글로 그 신문사를 대표한다는 점에서 차이가 있다.

　많은 학부모들이 자녀의 논술 공부를 위해 사설을 읽히는 경우가 많은데, 논술 공부를 위해 깊이 있는 읽을거리를 찾는 친구들에게 사설보다는 칼럼 읽기를 권하고 싶다. 사설보다는 에세이적인 요소가 있어서 읽기가 더 수월하고, 주장을 뒷받침하는 근거도 훨씬 풍부하기 때문이다.

　하지만 칼럼의 문제점이 없는 것은 아니다. 한 분야의 전문가이기는 하지만 칼럼 역시도 신문사의 관점에서 자유로울 수는 없다. 그리고 개인의 의견이기 때문에 그들의 주장을 그대로 받아들이기보다는 비판적으로 읽어야 한다.

　칼럼 또는 사설을 읽을 때는 주장이 담긴 글이기 때문에 주장하는 바와 주장을 뒷받침하는 근거를 찾으며 읽어야 한다. 주장글이기는 하지만 교과서와 같이 표본적인 형태의 글이 아니기 때문에 서론, 본론,

결론이 눈에 띄게 구분되어 있지 않고, 1:3:1 정도의 비율에 맞추어지지 않은 경우도 많다. 더욱이 사설의 경우는 서론은 아주 간략하게만 들어가기도 한다.

그렇기 때문에 구조적으로 파악하기보다는 내용을 잘 이해하며 읽어야 하는데, 사안들이나 내용의 깊이가 그리 만만한 것들이 아니어서 아이들이 이해하기는 쉽지 않을 것이다. 그래서 이해를 좀 쉽게 하는 방법으로 먼저 결론 부분부터 읽기를 권한다. 말하고자 하는 주장을 알면 앞부분에서 나오는 근거가 눈에 더 잘 들어올 수 있기 때문이다.

그리고 이런 글들은 초등학생이 읽기에는 무척 부담스럽고 어려워서 오히려 좌절감을 안겨줄 수도 있다. 초등학생인 경우는 어린이 신문에 실리는 또래 어린이들의 주장글을 읽는 것이 좋다. 자기가 잘 아는 문제에 대해, 같은 눈높이에서 문제점을 인식하고, 그에 대해 자기의 의견을 자신 있게 표현할 수 있도록 하는 것이 논리적인 사고력을 향상시키는 방법이라고 할 수 있다.

기사 붙이는 곳

서론	
본론	
결론	

개요짜기

서론	초등학교 4학년 한 학급에서 '왕따'가 발생했다.
본론	① 언제든, 누구든 피해자로 전락 할 수 있다는 불안감 때문에 맹목적으로 집단 편쪽이 강화됨. ② 편견을 확대재생산 하여 더 가혹한 행동을 일삼음.
결론	왕따는 언뜻 특정 피해자에 대한 다수의 가해처럼 보이지만, 결과적으로는 모두를 피해자로 전락시킨다.

야! 한국사회
차별과 편견

김형완
인권정책연구소 소장

초등학교 4학년 한 학급에서 '왕따'가 발생했다. 성재(가명)는 점심도 혼자 먹기 일쑤고, 짝을 원하는 친구도 없다. 담임 선생님이 학급 친구관계에 관한 설문조사를 해보니 좋아하는 친구는 제각각 다양하게 나타났는데 싫어하는 친구는 오직 한 사람, 성재를 지목했다. 이유는 성재가 뚱뚱해서 "지저분하다", "냄새 난다", "게으르다"는 것이다. 아이들은 단정적으로 말한다. "뚱뚱하면 씻는 것도 귀찮아하잖아요."

이런 모멸을 견뎌야 했던 11살짜리 어린아이의 심경은 어땠을까. 살면서 언제가 가장 슬펐느냐는 선생님의 질문에 성재는 잠시 머뭇거리다 "친구들에게 버림받을 때"라고 답한다. 대답하는 아이의 표정이 순간 웃음인지 울음인지 모르게 일그러진다.

선생님은 교육전문가, 학부모와 함께 숙의한 끝에 '역할 바꾸기' 실험을 한다. 키 140㎝를 기준으로 작은 아이들은 우등반, 큰 아이들은 열등반으로 나눈다. 오직 키를 기준으로 우열을 나눈 것이다. 아이들 반응은 즉각적이었다. 한쪽에선 머리털 때문에 실제보다 키가 크게 재졌다고 항의하는 아이가 나오고, 신발에 양말까지 벗고 다시 재겠

5

꿈을 키우는
신문 일기

진로를 찾아주는 나침반, NIE

01

"너희 정말 꿈이 없는 거야?"

"그냥 상상만이라도 해보면 안 될까?"

요즘 중·고등학교에서 수업을 하다 보면 학생들과 뜻밖의 대화를 나누게 된다. 말하기가 귀찮은 것인지 아니면 부끄러워서 말을 하지 않는 것인지 가늠할 수는 없지만, 이렇게 저렇게 생각을 이끌어내기 위해 말을 붙여 보아도 돌아오는 말은 "되고 싶은 것이 없는데요", "무슨 직업이 있는지 모르겠어요"이다.

학생들은 꿈이 없다고 한다. 그리고 어떤 꿈을 꾸어야 할지 모른다고 한다. 물론 자신의 꿈이 뚜렷한 친구들도 있지만 대부분의 학생들은 막연히 명문 대학 진학만을 목표로 하고 있다.

자신의 로드맵을 작성하는 활동을 해보면 거의 모든 학생이 명문대를 나와 있고, 심지어 학생의 반은 이미 하버드, 예일 대학 등 세계적으로 우수한 학교에 입학해 있는 꿈을 꾸고 있다.

그런 꿈을 꾸는 자체를 문제라고 하는 것이 아니다. 이미 어느 정도 구체적인 진로를 결정하여 착실히 준비하고 있어야 하는 고등학생들이 초등학생과 전혀 다를 바가 없는 생각을 가지고 있다는 것이 문제다.

학교를 졸업한 이후의 직업 선택은 또 어찌나 단순한지, 우리나라의 직업이 1만 2,000여 개에 육박한다고 하는데도, 학생들은 직업에 대해 아는 것이 별로 없다. 한 고등학교에서 학생 30명에게 희망하는 직업 다섯 가지 정도 적어보라고 하였더니 학생들이 답한 직업을 모두 합해도 30가지를 넘지 않았다.

그나마 직업에 대한 정보는 드라마나 영화와 같은 미디어에서 노출되었던 것이 전부였다. 정보의 홍수 속에서 살아가고 있지만 정작 자신에게 필요한 진로 정보는 어디에서 얻어야 하는지 모르는 것 같다. 아니 모르는 것이 아니라 알고자 하는 노력을 기울일 시간이 없다고 말하는 것이 더 적절한 표현이라고 생각한다.

진로는 단순히 어디 학교에 진학하고, 어떤 직업을 택할 것인지를 고민하는 것만이 아니라 일생 동안 무엇을 하며 어떻게 살아갈 것인지를 계획하고 준비하는 것을 말한다.

진로 교육에는 단계가 있다. 아이들이 자라는 과정에 맞게 자기 이해 과정, 진로 정보 탐색 과정, 진로 계획 과정, 진로 체험 과정을 거치게 되는데, 우리나라 정서상 대부분의 학생들은 상위 학교로 진학하는 진로 계획을 세우게 된다. 그래서 진로 정보 탐색 과정에서는 입시 정보를 탐색하게 되고, 진로 계획 과정에서는 진학하고자 하는 학교에 맞는 학업 계획을 세우게 된다.

어떤 학교를 진학할까? 어떤 직업을 가져볼까? 이러한 고민을 하기 이전에 먼저 거쳐야 하는 단계는 자기 이해 과정이다. '나는 누구인가? 나는 무엇을 잘하는가? 나는 어떤 삶을 살고 싶은가?'에 대해 고민하고 그 해답을 찾으려는 노력을 통해 자기를 이해하는 과정을 겪게 된다.

매년 새 학년 초가 되면 도덕 과목이나 국어 과목에서 '나는 누구인가'라는 주제의 글을 제출하곤 한다. 초등학교 때부터 계속되어 왔고, 매년 같은 주제의 글을 쓰지만 아이들 글의 내용과 수준은 그리 나아지는 것 같지 않다. 쓰려고 보니 딱히 쓸 말도 없고, 막상 표현하려고 하니 자신에 대해서 잘 모른다는 생각이 들었을 것이다.

그렇다고 나는 누구인가를 생각하면서 매일 일기를 쓸 수도 없고……. 어떤 방법으로 자신을 이해하고 알아갈 수 있을까? 가장 좋은 진로 교육은 끊임없이 자신과 대화를 나누고 마음의 소리에 귀 기울일 수 있는 시간을 주는 것이다. 우리 아이들에게 필요한 것은 자신을 돌아볼 수 있는 시간이다. 신문을 활용하여 자기 자신을 들여다볼 수 있는 활동들을 몇 가지 소개한다.

표현. 신문의 모든 구성 요소를 활용하여 나를 표현해보세요

요즘 신문은 다양한 볼거리를 제공하고 있다. 하루에 실리는 사진은 80점 정도에 이르고, 신문 전체의 40%를 광고가 차지하고 있다. 이 밖에 만화와 일러스트 등 다양한 이미지가 담겨 있다.

광고 문구는 이미지뿐만 아니라 함축적인 의미를 담고 있기 때문에 흥미롭고 재미있는 표현들도 많다. 이 모든 이미지와 문구들을 활용하여 나를 표현하도록 한다.

학생들은 이 활동을 하는 내내 자신을 상징할 만한 말, 이미지들을 찾으며 자신에 대한 깊이 있는 생각을 한다. 나를 무엇으로 비유할까? 나는 어떤 아이인가? 생각하고 또 생각한다.

이 활동 결과물만을 보고, 자칫 NIE라는 것이 단순히 신문을 오려 붙이고 꾸미는 것이라는 생각을 할 수도 있다. 하지만 아이들은 그 시간에 단순히 오리는 활동을 하고 있는 것이 아니다. 초등학생은 초등학생답게, 중·고등학생은 중·고등학생답게 자기 학년에 맞게 신문의 구성 요소를 활용하여 자기를 알아가고 표현하는 시간을 갖는 것이다.

가르치고 설명하는 것이 아니라 아이들이 자신을 표현하는 시간을 주는 것이 자신을 이해하도록 도와주는 것이다.

02 신문 일기는 최고의 포트폴리오다

2011년부터 특목고를 희망하는 학생들은 학교생활기록부 외에 학습계획서를 준비해야 한다. 학습계획서에 들어가야 할 내용은 그 학교를 지원하게 된 동기와 향후 공부 계획, 학습 과정 및 진로 계획, 봉사 및 체험활동, 독서 활동 기록 등이다. 이렇게 작성된 학습 계획서와 면접은 당락을 결정하는 중요한 요인이 된다. 특목고를 지원하는 학생이라면 내신을 잘 관리한 학생들로 성적에서는 큰 차이가 나지 않기 때문이다.

얼마 전 한 일간지에 입학사정관이 말하는 학습계획서의 좋은 예와 나쁜 예가 기사로 실린 적이 있다. 좋은 예를 살펴보면 지원 동기와 진로 계획이 뚜렷하고 진실성이 있어야 한다고 한다.

주목해야 할 점은, 되도록이면 자신의 진로와 관련이 깊은 봉사활동과 독서 기록을 남기는 등 진로와 아이들 노력이 일관성을 유지하는 것이 중요하다고 이야기한다.

그렇게 하기 위해서는 결국 중학교에 들어가면서 바로 진로 탐색과 진로 결정이 이루어져야 한다는 이야기가 된다. 그래야 진로에 맞는 봉사와 독서를 할 수 있기 때문이다. 이렇듯 빠른 진로 결정이 학생들의 진학에 중요한 영향을 미치게 되면서 중학생들의 진로 교육의 중요성이 더 강조되고 있다.

2009년 개정 교육과정을 보면, 진로 교육이 예전과는 많이 달라졌다는 것을 알게 된다. 지금까지의 진로 교육은 진학에 치중한 교육이었기 때문에 학교에서는 주요 교과에 밀리는 형국이었다. 지금은 진로 교육이 강화되어 고등학교에만 있었던 '진로와 직업'이라는 선택 과목이 중학교 과정에 신설되었고, 창의적 체험활동의 4가지 영역에도 진로 활동이 포함되어 있다. 그리고 교과 지식뿐만 아니라 구체적인 체험을 통한 진로교육이 이루어지도록 많은 프로그램들을 개발하고 있다.

또 직업 적성 검사, 직업 흥미 검사, 직업 가치관 검사 등 다양한 검사를 실시하여 아이의 진로 적성을 과학적으로 알아보고, 구체적인 진로 결정을 돕고자 노력하고 있다.

그런데 이렇게 여러 검사를 하는 것이 중요한 것이 아니라 그 결과를 보고 어떻게 하는지가 중요하다. 학교에서 여러 검사에 대한 결과 보고를 집으로 보내지만 정작 이 결과를 어떻게 받아들이고 어떤 준비를 해야 하는지는 부모의 몫이다.

부모가 '그저 그런가 보다'라고 생각하고 넘어간다면, 검사를 한 효과는 미미할 것이다. 반대로 그 결과를 바탕으로 아이의 흥미와 관심, 능력 등을 꼼꼼히 살핀다면, 아이가 원하는 진로를 좀 더 빨리 찾을 수 있을 것이다. 이러한 의미에서 학부모 역시 진로 교육에 적극 동참해야 한다. 부모가 마음대로 아이의 진로를 계획하고 조정하자는 것이 아니라 학교에서 하는 진로 교육이 집에서도 이어지도록 해야 한다는 이야기이다.

부모가 아이의 진로 교육을 함께 해야 하는 또 다른 이유가 있다. 현재 많은 대학에서는 입학사정관제를 시행하고 있고, 입학 전형도 매우 다양하다. 입학사정관제에 의하면 대학은 재능이 있거나 관심이 있는 분야에서 꿈을 이루고자 목표를 세우고, 그에 맞는 준비를 해 온 학생들을 뽑겠다고 한다.

이제는 아이의 내신 성적과 수능만 잘 보는 것으로 원하는 대학을 갈 수 있는 것이 아니다. 성적 외에 아이의 재능, 발전 가능성을 적극적으로 보여주어야 한다. 대학은 희망하는 직업에 대해 구체적인 정보를 수집하고, 그에 맞는 과를 선택하여 자기주도 학습과 체험으로 포트폴리오가 준비된 학생을 원한다. 실제로 내신이나 수능 성적이 우수한 친구는 떨어지고, 자기 전공에 대한 애착을 보이며 재능이 있었던 친구가 원하는 대학에 들어가는 경우를 종종 보곤 한다.

그렇기 때문에 엄마가 할 수 있는 진로 교육은 무작정 모든 아이들이 매달리는 학원에 보내고, 스케줄을 체크하는 것이 아니라, 아이가 어떤 분야에 관심을 갖는지, 어떤 꿈을 꾸고자 하는지를 함께 알아 가야 한다. 그리고 이 세상에 얼마나 다양하고 새로운 직업이 있는지 폭넓은 직업의 세계를 탐색하게 해주어야 한다.

신문 읽기는 엄마와 아이가 함께 하는 진로 탐색 활동이다　03

학부모 중 일부는 '이제는 엄마가 진로 전문가까지 되어야 하는 것인가'하며 개탄하는 분들도 있을 것이다. 인정하고 싶지 않지만 지금과 같은 현실에서는 어느 정도는 그래야 할 것 같다. 정보도 알아야 하고, 미래의 직업의 변화도 민감하게 받아들일 수 있는 안목도 있어야 한다. 세상은 변하였고, 우리 아이들이 사는 세상은 지금껏 알고 있던 직업이 최고가 아닌 시대를 살아가야 하기 때문이다.

이러한 것들을 충족시켜주는 것은 유명 학원도, 고액의 교육 컨설턴트도 아니다. 그렇다면 도대체 부모가 어떤 방법으로 아이들의 진로 교육을 이끌 수 있을까?

우리 부모들이 아이들의 진로 교육을 하는 데 필요한 것은 바로 신문을 읽는 것이다. 신문에는 과거, 현재, 미래가 동시에 현존한다. 현재의 일을 통해 과거를 보기도 하고 미래를 예측하기도 한다. 그렇다고 신문에서 답을 찾거나, 신문을 통해 대단한 무엇인가를 하도록 하자는 것이 아니다. 단지 아이와 신문을 함께 읽자는 것이다.

1980년대, 우리나라와 중국이 외교 관계가 수립도 되지 않은 시절에도 신문에서는 앞으로 중국이 우리나라와 교류를 하게 될 것이고, 아시아의 경제 대국으로 떠오를 것이라는 전망의 기사가 실리곤 했었다. 사람들은 그럴 수 있다고 생각은 했지만 '언제 그런 시절이 오겠는가' 하는 의문을 품었었다.

하지만 그 당시 그런 기사를 보면서 우리 아이가 사회에 나갔을 때 꼭 필요한 것은 중국어라고 생각한 한 아버지가 있었다. 그 분은 자신의 아들을 중문과에 보냈고, 그 학생이 사회에 나왔을 때는 중국을 자유롭게 드나들면서 무역을 할 수 있는 세상이 되었다. 중국어를 미리 준비한 사람이 귀하던 시기였기 때문에 그 학생은 대기업에서 중국을 개척하는 부서의 잘 나가는 직원이 될 수 있었다.

전에 이러한 내용의 강의를 하던 중 한 학부모에게서 "선생님은 어떤 직업이 유망하다고 생각하시느냐?"라는 질문을 받았다. 나는 주저하지 않고 "실버 산업"이라고 말했다. 이미 우리나라는 초고령 사회에 들어섰다. 미래에 노인이 많은 사회라는 것은 불 보듯 뻔한 것 아닌가? 이미 신문에서도 여러 차례 유망 직종이 보도된 바 있다. 그런데 그 답을 들은 어머니는 고개를 저었다. 그것은 너무 힘들어서 안 된다는 것이다.

그때 난 왜 실버 산업으로 간병, 병원만 생각하는지를 되물었다. 신문 기사와 광고를 잘 읽어 보면 앞으로 노인이 되는 사람들은 준비된 노인들이라는 것을 알 수 있다. 온갖 보험과 연금은 광고의 많은 부분을 차지하고, 노후를 위하여 어떻게 저축해야 하는지 그 방법들이 기사화되어 실린다. 그런 사람들은 이전처럼 자식을 키우느라 자신의 삶을 온전히 내팽겼던 노인들이 아니다. 준비된 노년들을 위한 취미, 여행, 제 2의 직업 등 노인들만의 새로운 문화가 창출될 것이다.

부모가 먼저 미래의 직업에 대한 고정관념을 버려야 한다. 매일 새롭게 쏟아지는 정보를 읽으며 아이와 앞으로의 미래를 꿈꿔보자. 이제는 꿈을 꾸고 이루는 데 강산이 변할 정도의 시간도 걸리지 않는 시대가 되었으니 말이다.

04

신문 일기를 통해 세상 보는 눈을 뜨게 하라

NIE를 하면서 가장 중요한 것은 이런저런 다양한 활동을 하는 것보다 꾸준히 하는 것이라고 말하고 싶다. 신문기사 자체는 정보일 뿐, 학문이나 이론이 아니라는 것은 모두가 다 아는 사실이다. 어떤 평가가 있어서 신문을 읽은 만큼 점수로 환산되는 것도 아니고, 신문을 읽었다고 해서 눈에 보이게 학습 효과가 향상되는 것도 아니다. 그저 신문을 읽으면 배경지식이 풍부해져서 읽기 능력이 향상되고, 더불어 사고 능력, 학습 능력이 향상된다는 설문 통계만이 있을 뿐이다.

아이의 든든한 배경지식이 된다고는 하지만 이러한 눈에 보이지 않는 효과만을 믿고 시간과 노력을 투자하기에는 우리 아이들이 너무 바쁘다. 이 때문에 느긋하게 앉아서 신문을 읽고 있는 아이를 바라보는 부모의 마음에는 늘 불안과 조급함이 존재한다.

이러한 불확실성에도 불구하고 신문 읽기를 꾸준히 시키고 싶어 하는 학부모들이 날로 늘어나고 있다. 이러한 추세의 결정적인 이유는 결국 진학에 도움이 될 것이라는 믿음 때문일 것이다.

요즘은 학교 차원에서도 신문 활용 교육의 가치를 알고 적극적으로 수업 시간에 NIE를 하거나, 직접 NIE는 하지 않더라도 수행평가를 신문 스크랩으로 하는 학교들이 늘어나고 있다. 그런데 NIE를 해 온 학교를 방문해보면 선생님보다 학생들 스스로가 자신들의 변한 모습을 대견스러워하는 것을 볼 수 있다.

NIE를 아주 열심히 하는 한 외고를 방문한 적이 있었다. 그 학교 학생들 대부분은 신문을 즐겨 읽지 않던 학생들로, 국어 선생님이 수행평가로 신문일기 쓰는 숙제를 내주셨기 때문에 억지로 시작하게 되었다. 처음에는 안 하던 것을 하려니 어렵고 고생스럽게 느껴졌다고 한다.

하지만 억지로라도 신문을 자세히 읽게 되고 나름 재미있는 부분을 발견했다. 해를 거듭할수록 신문을 보는 눈이 생기고, 신문을 읽지 않으면 궁금해지는 변화를 맞게 되었다.

일반 중학생들 사이에서도 이러한 변화가 있었다. 신문을 처음 읽는 아이들이 대부분이었고, 동아리 활동으로 하는 수업이었기 때문에 평가에 의한 것도 아니었다. 하지만 친구들과 일주일에 한 번씩 모여서 신문을 읽고 다양한 활동을 하자, 동아리 마지막 시간에는 아이들 스스로도 무척 놀라는 모습이었다. 신문이 어렵지 않고, 이렇게 재미있을 줄은 몰랐다는 것이다.

이렇게 학교에서 선생님이 이끌어주면 정말 좋겠지만 집에서 아이 스스로 이런 정도의 효과를 보려면 굳은 의지가 필요하다. 학교에서야 선생님의 권위에 의해서, 또는 수행 평가와 연결되기 때문에 아이들이 억지로라도 하게 되지만 집에서 그렇게까지 스스로 하는 아이는 많지 않을 것이다.

뭔가 열심히 해보리라는 마음으로 시작한 아이들도 처음에는 색다른 맛에 잠깐 열심히 하는 듯 하다가도 이내 싫증을 내기 마련인데, 여기서부터 부모의 고민은 시작된다.

어떻게 하면 아이가 꾸준히 하도록 할 것인가? 이때 엄마는 중요한 결정을 해야 한다. 우리 아이의 학습 스타일을 빨리 파악하여 그에 맞게 이끌어주어야 하기 때문이다. 동기 부여만으로도 아이가 스스로 꾸준히 하는 타입이라면 신문을 함께 읽으며 대화를 나누는 방법만으로도 효과를 볼 수 있다.

하지만 자기가 주도적으로 하는 것이 익숙하지 않은 아이라면 동기 부여와 당근을 안기는 것, 때로는 압력을 넣는 것도 주저하지 말아야 한다. 어느 정도의 궤도에 오르기까지는 중간에 공백기가 생기지 않도록 동기 부여와 당근을 적절히 섞어 가며 끊임없이 아이를 이끌어주어야 한다. 재미를 느끼기까지 그 끈을 놓지 않는다면 변화는 아이들에게서부터 시작된다. 신문을 읽어 온 아이들은 읽기 능력과 새로운 정보를 대하는 태도가 눈에 띄게 달라지기 때문이다.

'어떻게든 아이가 알아서 하겠지'하는 기대로 중간에 멈추는 것을 방관한다면 처음 시작하던 때보다 더 힘들게 다시 시작해야 할 것이다. 그때는 이미 아이가 신문 일기를 쓰는 것이 쉬운 일이 아니라는 것을 경험해보았기 때문이다.

신문 일기를 열심히 쓰는 이유가 단순히 특목고 진학이나 대입 입학 사정관제를 대비한 포트폴리오로 사용하기 위한 것이라는 아이들도 있다. 사실 아이가 그런 목표를 정하고 실천해 나가는 것 자체도 대견스럽고 훌륭하다 할 수 있다. 또 과정으로 보았을 때도 신문 일기를 쓰면서 여러모로 효과도 있고, 좋은 기록이 되겠지만, 목적을 진학용으로 단정 지어서는 안 된다. 신문 일기는 아이들이 세상 보는 눈을 뜨게 하고 생각이 자라며 꿈을 키우는 것 외에 부수적으로 포트폴리오를 얻게 되는 것이라고 생각해야 한다. 제출용, 기록용이라는 생각에 집착하게 되면 아이들은 일기가 부담으로 다가오고, 진심이 들어 있는 글이 아니라 누구에게든 잘 보이기 위한 글이 될 수 있다.

05 신문 일기를 시작하려는 엄마가 알아야 할 3가지 TIP

아이들이 초등학교 때부터 일기를 써왔지만, 신문 일기라는 특성상 시작하기 전에 엄마들이 몇 가지 알아야 할 것이 있다.

첫째, 초등학생이 신문 일기를 시작하는 경우라면 처음에는 어린이 신문을 읽히도록 한다. 어른들이 보는 일간지는 초등학생이 읽기에는 어려운 어휘가 많아 이해하는 데 어려움이 있다. 어휘뿐만 아니라 초등학생이 이해하기에는 너무 많은 내용이 담겨 있다.

그리고 아이가 접하기에는 사회의 어두운 면이 그대로 드러나 사회에 대한 부정적 선입견을 가지게 할 수 있다. 가볍게 어린이 신문을 읽고 일기를 시작하였다가 점차 어린이 신문에서 부족한 부분을 어른 신문에서 채우는 식으로, 읽는 범위를 넓혀 가는 것이 좋다.

어른 신문에 비교해보았을 때 어린이 신문의 기사가 부족하다고 생각하는 분도 있을 것이다. 어린이 신문 1, 2면에는 학교와 사회, 국제 소식을 교과서 수준의 어휘로 쓴 기사가 실린다. 매일 신문 두 면의 정보를 꾸준히 접하는 것도 아이에게는 어마어마한 양의 정보로 쌓이게 된다.

중·고등학생의 경우는 교과 과정에서 우리 사회와 역사에 대해 충분히 배웠기 때문에 사회에서 일어나는 현상을 이해하고, 그에 대한 비판할 수 있는 능력을 갖추었다. 그렇기 때문에 신문 일기를 쓰면서 사회에 관심을 가지고 세상을 이해하는 눈을 키울 수 있다.

둘째, 신문 일기를 처음 시작할 때는 프리스타일로 하자. 한 분야를 정하고 집중적으로 기사를 읽는 것보다 그날그날 자유롭게 흥미로운 기사를 선택하는 것이 좋다. 분야를 정하면 자기가 좋아하는 분야의 기사가 매일매일 신문에 실리지 않을 수도 있고, 무엇보다도 다양한 기사를 읽지 않을 수 있기 때문이다. 아이들은 그 주제의 기사를 찾기에 급급한 나머지 그 주제 외의 다른 기사를 살피지 않게 된다. 신문 일기의 목적은 매일 신문을 읽도록 하여 읽기를 습관화 하는 데에 목적이 있음을 잊지 말아야 한다.

셋째, 꼭 일기의 형식으로 써야 한다는 고정관념을 버리자. 신문 일기라고 해서 느낌과 감상, 또는 반성의 내용이 담긴 줄글 형식의 일기만을 고집할 필요는 없다. 만화, 주장글, 시, 설명글 등 다양한 형식을 빌려 표현하는 기회를 갖도록 하는 것이 좋다.

NIE 활동 27

KWL 차트,
기사를 읽고 정보를 분류하여 정리해보세요

KWL 차트는 정보가 담긴 글을 읽고 정리하기에 알맞은 틀이다. KWL 차트는 글을 읽으면서 머릿속에서 이루어지는 과정을 그대로 보여주는 틀이라 할 수 있다. K는 기사를 읽기 전에 그 주제에 대해 미리 알고 있던 것들을 정리하고, W는 그 기사를 읽으면서 궁금증이 생기거나 더 알고 싶은 호기심이 생기는 부분을 기록한다. L은 이 글을 다 읽고 난 후, 새롭게 알게 된 내용을 기록하는 부분이다.

KWL 차트

K   What do I know?   내가 알고 있던 것

W   What do I want to know?   이 글을 읽고 새롭게 알고 싶은 것

L   What did I learn?   이 글을 읽고 배운 것

활동 방법

❶ 신문을 넘기면서 마음에 드는 기사를 선택하여 오린다.

❷ 여러 가지 색의 색연필을 준비한다.

❸ 기사를 읽으면서 이미 알고 있던 사실은 파란색, 새롭게 알게 된 사실은 빨간색, 흥미로운 사실은 검은색으로 밑줄을 그으며 읽는다.

❹ 기사를 읽으며 궁금한 내용은 기사 옆에 적는다. 기사를 다 읽은 후 궁금했던 사항을 인터넷에서 찾아본다.

❺ 밑줄을 그어 놓은 내용을 해당하는 칸에 정리한 후, 이 내용을 바탕으로 신문 일기를 써본다.

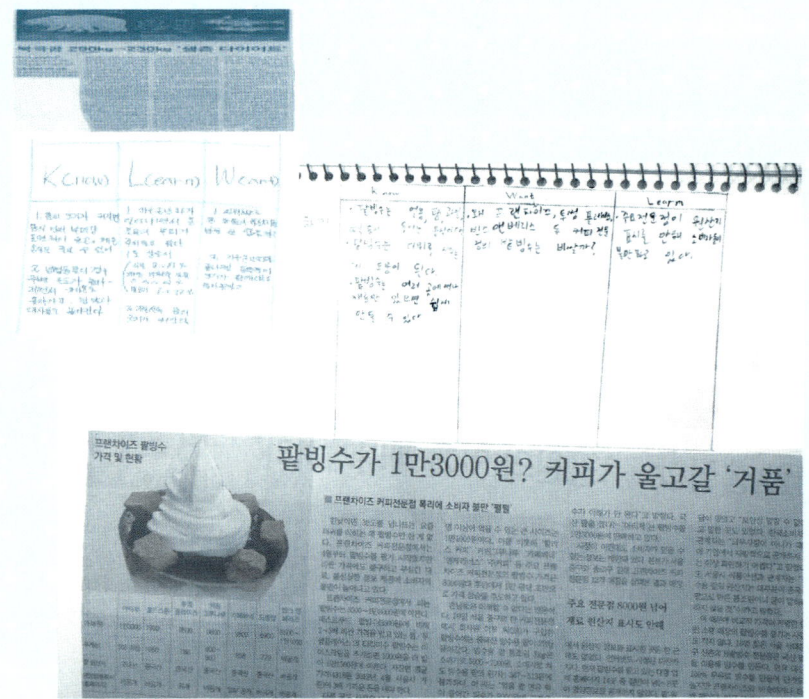

06 우리 아이에게 딱 맞는 신문 일기 3단계 비법

아이가 그날그날 흥미를 끄는 기사를 선택하여 자기의 생각을 정리하는 신문 일기에 어느 정도 적응이 되었다면, 이제 일반적인 신문 일기가 아니라 세상에 하나 밖에 없는 나만의 신문 일기를 시작하는 단계가 준비된 셈이다. 자기가 좋아하는 한 분야를 정하여 쓰는 주제 신문일기를 시도해보자.

1단계 : 좋아하는 분야에 대한 주제 일기 쓰기

신문을 읽다 보면 관심 있게 꾸준히 읽거나, 자주 읽는 코너가 생기게 된다. 그러면서 자신이 좋아하는 분야도 점차 분명해지고 그 분야에 대한 깊이도 갖게 되는데, 이러한 과정이 바로 진로 탐색의 과정이다.

좋아하는 분야를 집중해서 읽으면서 생겨나는 관심이 신문에서 끝나는 것이 아니라 책이나 인터넷에서의 자료 검색으로 이어지면, 그 어디서도 얻을 수 없는 귀한 자료집이 완성된다.

이렇게 하는 과정이 바로 탐구학습이고, 자기주도학습이 되는 것이다.

주제 신문 일기를 시작하기 전에 먼저 해야 할 것이 있는데, 그것은 바로 스크랩하고자 하는 그 주제에 대해 브레인스토밍을 해보는 것이다. 이 과정은 주제 스크랩을 하기 전에 그 분야에 대해 어느 정도의 지식을 가지고 있는 지 스스로 확인해보기 위한 것이다. 편안한 마음으로 브레인스토밍을 하면서 자신이 알고 있는 모든 지식, 생각들을 쏟아내도록 한다.

브레인스토밍을 하여 나온 지식들에는 같은 성격을 가진 것들이 있는데, 그런 것들끼리 한데 모아 분류해보도록 한다. 분류를 하다 보면 어느 분야에 대해서는 많이 아는데, 어느 분야는 아는 것이 몇 가지가 되지 않아 지식이 편중되어 있는 것을 확인할 수 있게 된다.

예를 들면, 아이가 스마트폰에 관심이 많아 스마트폰에 대한 기사를 스크랩하며 일기를 쓰기로 했다. 먼저 브레인스토밍을 하여 스마트폰하면 떠오르는 것들을 모두 써보게 하였다. 그런 다음, 비슷한 성격을 가진 단어들을 묶어주고, 그 묶음을 담는 큰 의미의 단어로 이름을 붙여주도록 하였다.

브레인스토밍을 하여 나온 많은 단어들을 분류해본 결과, 새로운 어플리케이션이나 신제품, 상품 등에 대한 정보는 많지만, 스마트폰이 우리 사회에 미치는 영향에 대한 지식은 많지 않음을 눈으로 확인할 수 있었다.

이를 통해 앞으로는 경제면에 주로 실리는 신제품, 기능에 대한 것보다 사회면이나 오피니언에 실리는 내용을 좀 더 자세히 읽을 것을 아이와 합의하게 되었다.

스스로는 그 주제에 대해 많이 알고 있다고 생각했지만, 브레인스토밍과 분류 과정을 거치면서 자신의 부족한 부분을 눈으로 볼 수 있게 되었고, 앞으로 신문을 읽을 때 좀 더 집중적으로 넓혀 나가야 하는 분야가 무엇인지 확인할 수 있다.

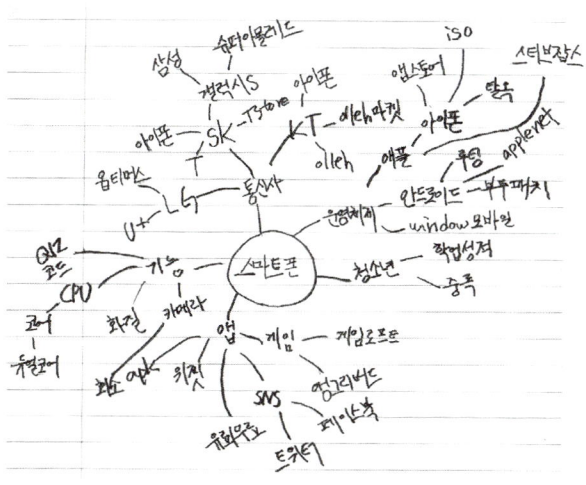

▲ 스마트폰에 대한 브레인스토밍

이러한 브레인스토밍을 1회로 끝내는 것이 아니라 주제 신문 일기 쓰는 동안 일정한 간격을 두고 하면서, 자신의 지식이 늘어나는 것을 확인해보는 것도 권하고 싶다.

이렇게 하는 이유는, 좀 더 다양한 관점으로 폭넓게 바라보는 눈을 가지도록 하기 위해서다. 이렇게 하지 않고 그냥 스크랩만을 할 경우에는 아이들은 계속해서 자기가 잘 아는 지식을 읽고 또 읽게 된다. 배경지식이 있는 기사가 읽기 편하고, 이해도 잘되기 때문이다.

이러한 방식으로 신문 일기가 계속되면, 아이는 어느 한쪽으로 치우친 정보 수집을 하게 되고, 자기가 아는 쪽으로는 더 많이 알게 되겠지만, 모르는 내용은 계속해서 모르게 된다. 그렇게 되면 자기가 좋아하는 분야라 하더라도 편협한 정보와 지식을 갖게 될 뿐이다.

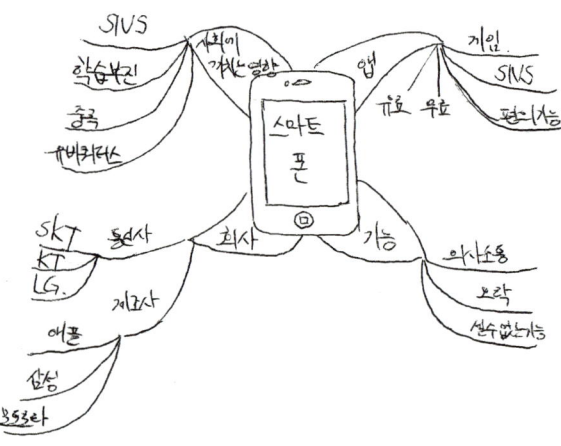

▲ 6개월 후 다시 마인드맵으로 정리하였을 때, 사회적 영향부분에 많은 내용이 추가되었다

2단계 : 새로운 분야에 도전하자

이제 신문 읽기의 달인이 되어 매일 신문을 읽지 않으면 궁금해지고 답답한 정도가 되었다면, 지금껏 관심을 가졌던 분야 외의 것들에도 관

심을 가지고 읽도록 유도하자.

지금까지 해 온 것과 같이 흥미롭거나 자신이 좋아하는 주제만 집중해서 읽다 보면 한 주제에 깊이가 깊어지는 좋은 점이 있는 반면에 다른 분야는 계속해서 무관심해질 수 있다.

어른들도 신문을 읽을 때 관심이 없거나 모르는 내용이다 싶은 면은 그냥 넘겨 버린 경험이 있을 것이다.

이렇게 관심이 없는 주제를 계속 외면하다 보면 그에 대한 지식이나 정보가 부족하게 되고, 또 지식이 부족하기 때문에 더욱 그 주제를 외면하게 되는 악순환을 겪게 된다. 그리고 그렇게 한 주제만 고집할 것이라면 차라리 신문보다는 책이 더 효과적일 것이다.

신문은 다양한 분야의 정보를 신속하게 전하는 특성을 가지고 있다. 이러한 신문의 특성을 잘 활용하여 다양한 주제, 새로운 주제에 늘 민감하게 반응하며 읽도록 하자.

그러기 위해서 아이에게 관심 있는 분야 외에도 다양한 분야에 대해 알아야 하는 이유를 설명하고, 의무감을 가지고라도 읽어야 함을 이야기해주어야 한다.

처음에는 아이가 무척 힘들어할 것이고, 그냥 지금까지 하던 방법으로만 하겠다고 고집피울 수도 있을 것이다. 이때, 누구나 모르는 분야를 처음 접하면 어려워한다는 위로와 함께 일단 한 달 정도 하다가 그때까지도 힘들면 그때는 아이가 하던 방법으로 다시 돌아가자고 설득하여 일단은 이끌고 가는 것이 좋다.

신문 읽기도 독서와 같아서, 읽기의 수준을 높일 때는 누구나 고전하기 마련이다. 하지만 어렵다고 포기해 버리면 한 단계 높은 수준의 읽기로 발전해 나갈 수 없다. 그렇다고 억지로 밀어붙이는 것이 아니라 높은 수준 읽기와 평이한 수준의 읽기를 번갈아 하면서 한 단계 더 나아가기 위한 준비를 해야 한다.

그렇게 읽다 보면 새로운 주제에 대해서도 어느 정도의 배경지식이 생기게 되고, 배경지식이 생기게 되면 이해도가 높아지기 때문에 새로운 분야를 읽는 재미도 붙게 된다.

3단계 : 일정한 분량을 정하여 일기를 쓰자

신문 일기 쓰기를 처음 시작할 때는 자기의 생각을 한두 줄 쓰고 더 이상 무엇을 써야할지 모르겠다고 하는 친구들이 대부분이다.

그래서 처음에는 많은 양의 글을 쓰지 않고 느낌 한두 줄부터 시작하였다가 한 줄씩 늘려 가도록 하고, 느낌만 쓰는 형식에서 차츰 기사의 내용을 요약하거나 6단 논법으로 정리한 후 자기의 생각을 쓰는 방법으로 글의 양을 늘려 왔을 것이다.

지금까지 글의 분량을 제한하지 않고 마음껏 써왔다면, 이제는 600자 또는 800자로 정하여 일정한 분량을 채우도록 연습하는 것이 좋다. 도저히 할 수 없을 것이라 생각하지만 목표를 정하고 실행하다 보면 어느덧 그 목표점에 도달해 있는 아이들을 볼 수 있을 것이다.

하지만 일정한 분량의 글을 쓰기 위해서는 논리적인 구조가 필요할 것이다. 물론 논리적인 구조의 글쓰기는 하루아침에 완성되는 것이 아니라 꾸준히 써보고, 쓴 글을 다시 고치면서 서서히 자리 잡아가야 하는 일이다. 이렇게 분량을 정하고 논리적인 구조로 자기의 생각 쓰기를 연습하면 좋은 논술 연습장이 될 수 있다.

신문 일기가 학생들의 서술형, 논술형 평가에 도움을 주고, 고등학생들에게는 대입 논술 준비에 직접적인 영향을 준다고 이야기하는 것은 바로 이 때문이다. 그저 읽기만 해서는 아이들의 글쓰기 실력은 향상되지 않는다. 일정한 분량을 정해서 구조적인 글쓰기 연습을 하도록 하자.

6

신문 만들기, 엄마의 숙제에서 아이의 지식 창고로 재탄생

신문, 만드는 과정이 핵심이다

01

아이를 키우면서 한 번쯤은 신문 만들기 때문에 애를 먹어본 적이 있을 것이다. 인터넷에서 신문 만들기를 검색해보면, 정작 신문을 만들어야 하는 아이들의 질문이 아니라 방학 숙제나 수행평가 때문에 질문한다는 학부모들의 글을 쉽게 볼 수 있다.

그런 글들을 보면서 어쩌다가 신문 만들기가 그리 애물단지가 되었을까 하는 안타까운 생각이 든다. 알고 보면 신문 만들기는 아이들에게 정말 좋은 경험이 될 수 있는데 말이다.

만드는 학생이나 거들어 주는 엄마나 서로 모르면서 대충 만들어 내고, 만드는 내내 아이와 엄마는 상처투성이의 전쟁을 겪게 된다. 그렇게 좌충우돌하며 겨우 만들기 때문에 다시는 만들고 싶지 않은 것이 될 수밖에 없다.

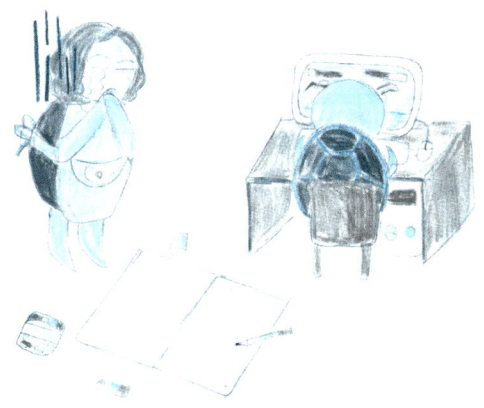

　신문을 만들면서 아이들이 가장 힘들어 하는 부분은 단연 기사 쓰기이다. 신문을 읽어보지 않아 기사문 형태의 글이 낯선 학생들은 특히 더 어려워한다.

　문학적인 글을 읽고 쓰다가 짧고 간결한 신문기사를 쓰려니 뭔가 섭섭한 모양이다. 자꾸 꾸며주는 말이나 형용사를 넣고 싶어 한다. 그런 이유로 거의 모든 학생들이 기사를 쓸 때 짧게 줄이지 못하고 길게 늘려 쓰는 경향이 있다.

　이런 것 외에 신문을 만들다 보면 아이들이 많이 범하는 실수가 몇 가지 있다. 기사를 쓰는 것이 아니라 일기를 쓴다. 이는 신문을 모르면서 신문을 만들기 때문에 벌어지는 현상이다.

　자기가 맛보지 않은 요리를 만들어 내려고 노력하는 것과 같다고나 할까.

　또 하나의 실수는, 기사를 쓰다 보면 많은 자료를 수집하게 되는데,

이때 그 정보를 활용하는 것이 아니라 자기의 글인냥 그대로 옮겨 놓는 것이다. 이는 기사를 작성할 때 보이는 글쓰기 미숙의 문제가 아니라 지켜야 할 최소한의 것을 지키지 않는 것의 문제이다.

학생들의 이런 태도는 과정은 생략된 채 결과물로만 이루어지는 평가 때문에 만들어진 것이라 말하고 싶다. 일반적으로 신문 만들기는 수행평가나 방학 숙제로 주어진다. 초등학생들의 경우는 학부모의 손에서 만들어지고, 중학생 경우에는 대부분 인터넷에서 다른 사람의 글을 베끼는 것으로 만들어 지는 것이 현실이다.

물론 선생님들은 학생들에게 직접 기사를 쓰라고 말씀하시지만, 숙제로 제출하거나 완성작을 제출하는 수행평가에서 베낀 글은 잘 걸러지지 않는다. 그렇기 때문에 아이들은 자기들이 하는 행위에 대해 아무 책임감을 느끼지 못한다.

여기서 이런 현상을 저작권이니, 양심이니 하는 문제로 심각하게 논하고자 하는 것은 아니다. 다만 신문 만들기와 같은 창의적인 활동이 이렇게까지 변질되어 좋은 효과를 보지 못하는 것이 안타까울 뿐이다.

신문 제작을 제대로 하고 나면 신문을 바라보는 아이들의 시각이 확연히 바뀌는 것을 많이 보아 왔고, 아이들이 정말 뭔가 해냈다는 자부심을 맛보기 때문에, 그렇지 못한 현실이 더욱 안타까운 것이다.

이렇게 남의 것으로 쉽게 일을 해치우는 데 길들여진 친구들은 잘 쓰고 못 쓰고를 떠나 스스로 기사를 작성하여 완성해보겠다는 의지가 부족하게 된다. 이렇게 다른 사람의 글을 짜깁기하여 만드는 신문이 무슨 도움이 되고, 의미가 있겠는가?

아이의 사고력 향상을 위해 아이와 신문 만들기를 계획하는 학부모가 있다면 글의 완성도를 따지지 말고 아이가 하나씩 완성해갈 때마다 큰 칭찬과 격려를 해주며 신문 만들기를 해보라고 권하고 싶다. 그것이 신문 만들기 효과를 톡톡히 볼 수 있는 방법임을 잊지 말았으면 한다.

기획, 신문 만들기의 성공을 좌우한다

02

훌륭한 작품을 만들기 위해서는 철저한 기획이 필수다. 신문 제작에서도 기획하는 시간을 아껴서는 안 된다. 일단 하다 보면 되겠지 하는 마음으로 무조건 시작부터 하는 아이들이 있는데, 그렇게 엉성하게 시작하게 되면 결국 원점으로 돌아가야 하는 상황을 겪게 된다. 아니면 '에이'하며 집어던지는 모습을 보게 된다. 그렇기 때문에 최대한 자세하고 꼼꼼하게 기획하는 것이 중요하다.

기획의 첫 단계는 어떤 신문을 만들 것인지를 정하는 일이다. 초등학생인 경우 대부분 가족 신문을, 중학생인 경우는 역사 신문이나 과학 신문, 고등학생인 경우는 진로 신문을 만들곤 한다.

하지만 학교에서 주제를 정해준 것이 아니라면 무엇보다도 자기가 관심 있어 하는 분야를 정하는 것이 무난할 것이다.

그럼, 어떻게 만들어야 할 것인지 제작 과정에 따라 하나씩 살펴보자.

초등학생이 가족 신문을 만든다고 가정해보자. 먼저 신문의 크기(종이의 크기)와 몇 면을 발행할 것인지를 결정한다. 이에 따라 신문에 들어가야 할 기사의 수도 정해진다. 혼자 신문을 만들 때는 4절지를 택하고, 4절지를 반으로 접어 2면 또는 4면을 만들어 발행하도록 하자.

그리고 신문이 될 종이에 기사를 직접 쓰지 말고 다른 종이에 써서 붙이는 방법을 권한다. 기사를 쓰다 보면 잘못 쓰기도 하고, 광고를 그릴 때도 실수를 할 수 있는데, 직접 그 종이에다 하다 보면 나중에는 종이가 지저분해진다. 그렇기 때문에 각각의 활동은 다른 종이에 한 후에, 편집하는 과정에서 붙이는 것이 좋다.

광고와 사진을 포함해서 대략 한 면에 3~4개의 기사가 들어가도록 편집한다고 했을 때 대략 8개 정도의 기사가 필요하다. 초등학교 저·중학년의 경우는 글자 크기가 크기 때문에 대부분 기사가 2개와 사진 1장, 광고 1개 정도면 1면이 꽉 찬다.

다음에는 기사가 될 만한 글감을 최대한 많이 떠올려 본다. 기사가 될 글감으로는 흔히 우리 가족에게 있어서 가장 큰 사건이 되었던 뉴스나 자랑하고 싶은 일, 가족 소개, 가족 여행, 우리 집에서 개선되어야 하는 것 등을 꼽을 수 있을 것이다.

그런 다음, 생각해두었던 기사거리를 어떤 구성으로 기사화할 것인지 정하도록 한다. 먼저 가족 소개에서 아빠를 소개한다고 가정해보자. 아빠 회사를 일일 탐방하여, 아빠가 하는 일을 소개하는 기획 기사로 하는 것도 무척 흥미로울 수 있다. 더불어 아빠와 인터뷰를 하여 기사를 써보는 것도 좋다.

　가족 여행에 대한 기사는 르포 형식으로 준비 과정과 보고, 듣고, 느낀 점 등을 자세히 적어 국어 교과에서 배웠던 기행문을 쓰는 것처럼 쓰도록 한다.

　우리 가족에게 있었던 중요한 사건이나 자랑하고 싶은 일은 보도기사로 써보자. 보도기사는 육하원칙에 맞추어 내가 포함되어 있지 않은 기자의 입장에서 객관적으로 쓰도록 한다.

　칼럼이나 사설의 주제로는 '컴퓨터 사용 시간 제한'과 '우리 집에서 개선되어야 할 점' 등으로 정하여, 자기의 의견을 내세워 쓰는 것도 좋을 것이다. 우리 집 자랑거리는 광고로 표현하는 등, 기사의 내용과 형식을 구체적으로 기획한다.

　신문 크기와 발행 면수, 기사 내용과 형식이 정해졌다면 제호(신문 제목)도 정하는 것이 좋다. 신문 제목은 그 신문의 성격을 규정짓는 역할을 하기 때문에 방향을 설정해 놓는 효과를 볼 수 있다.

　물론, 학년마다 기대되는 결과물의 완성도는 다를 것이다. 저학년이 만드는 신문은 신문의 형식과 구성만을 빌렸을 뿐, 진짜 신문이 아니다. 그렇기 때문에 자유롭게 구성하고 글도 일기 형식으로 쓰는 것에 만족해야 할 것이다.

　하지만 고학년인 경우는 이미 5, 6학년 국어에서 신문 기사 글의 특징과 쓰는 법을 배웠기 때문에 좀 더 완성도가 높은 신문을 요구할 수 있다.

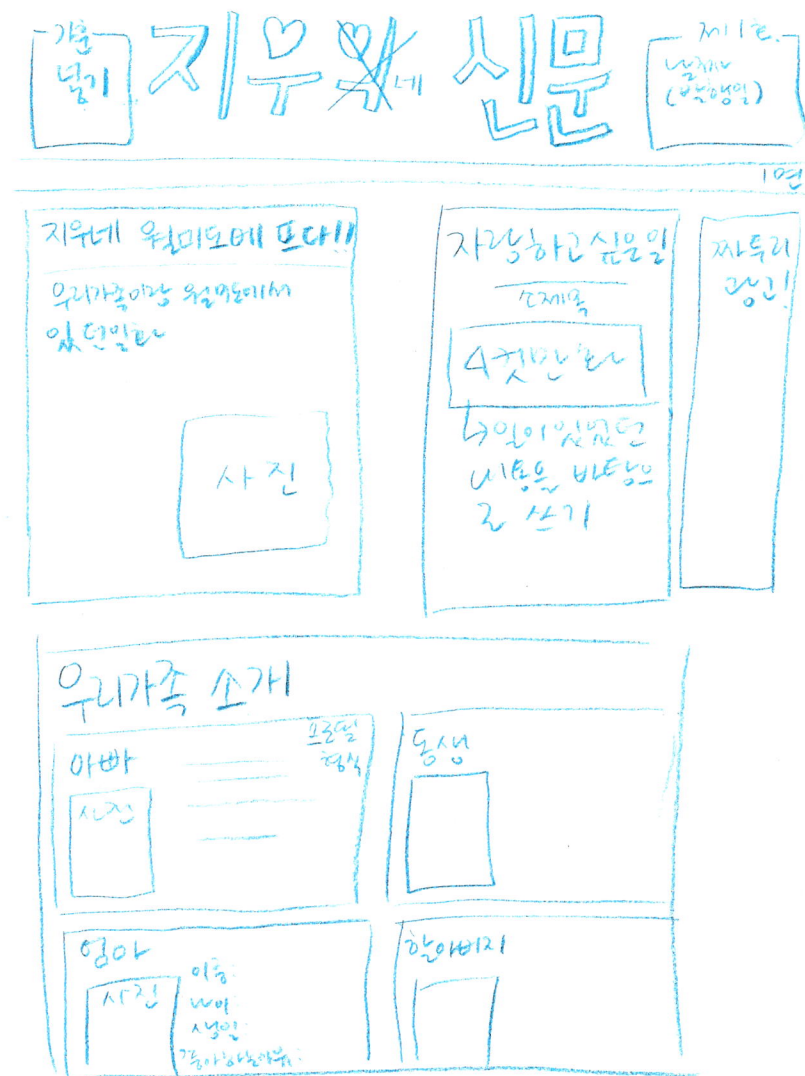

취재, 머리로만 생각하지 말고 발로 뛰게 하라

03

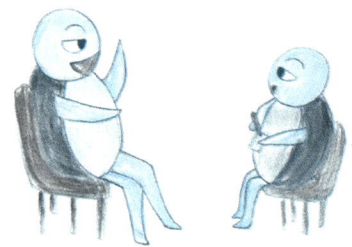

신문 기획을 꼼꼼히 하였다면 그 다음은 취재하기다. 일반적으로 현장을 방문하여 취재를 해야 하는 기사는 사전에 전화를 걸어 날짜와 시간을 정하고 방문 허락을 받도록 한다. 그리고 취재하기 전에 정보를 최대한 찾아 사전 지식을 갖추고 현장에 나가야 취재를 제대로 할 수 있다.

취재를 나가는 이유는 인터넷이나 다른 정보원으로 채워질 수 없는 생생한 현장 정보를 얻기 위해서다. 현장에 있는 사람들의 인터뷰 내용은 기사의 진정성을 더해준다. 무엇보다 아이들은 취재라는 것이 너무 생소하기 때문에 취재 과정이 좋은 체험이 된다. 직접 취재를 해본 친구들은 자기가 진짜 기자가 되어보는 경험을 하면서 뭔가를 해낸 뿌듯함을 느끼고 돌아온다.

그런데 무작정 취재를 나가면 눈에 보이는 것만을 취재하게 되고, 꼭 물어봤어야 하는 질문을 빼먹기 일쑤이다. 돌아와서 후회한들 소용없는 일이다. 가서 질문할 내용, 확인해야 하는 내용 등의 메모를 꼭 지참하도록 한다.

취재를 나갈 때 사진기와 녹음기는 필수다. 사진은 되도록이면 여러 장을 찍어 와서 좋은 사진을 선택하여 편집하는 것이 좋다. 이미 기획 단계에서 어떤 기사를 쓸 것인가 정했기 때문에 사진도 기사 내용에 맞도록 찍을 수 있다.

또 인터뷰를 하면서 메모할 경우 이야기를 받아 적기 급급해 제대로 된 인터뷰를 진행할 수 없기 때문에 녹음기를 준비하는 것이 좋다. 요즘은 핸드폰에 녹음 기능이 있어서 따로 녹음기를 준비할 필요는 없다.

앞서 예를 든 가족 신문을 만드는 경우, 어떤 취재가 필요한지 생각해보자.

아빠에 대한 기사를 쓰기 위해서는 어떤 취재가 필요할까? 아빠의 회사를 탐방하여 아빠가 일하는 모습을 취재할 수 있을 것이다. 취재 나가기 전에 아빠에게 미리 허락을 받고 방문하는 날을 정하도록 한다.

그 다음에는 어떤 내용을 취재할 것인지를 준비해야 하는데, 아빠를 인터뷰할 경우 질문할 목록을 미리 작성하고, 아빠 회사 또는 직업에 대한 사전 조사를 하도록 한다. 그리고 아빠와 하루를 함께 보내면서 아빠가 어떤 일을 하시는지도 취재한다. 마지막으로 사진은 어떤 장면을 넣을 것인지 구상해본다.

　사실 이러한 내용들은 사회 교과 4학년 2학기 3단원 「사회변화와 우리 생활」에서 '여가 생활에 대해 면담 조사 방법 알아보기'에서 배우는 내용이며, 국어 교과 6학년 2학기 2단원 「정보의 해석」에서 면담 계획을 세우고 면담하기, 면담할 때 주의할 점 알기, 면담한 내용을 정리하기에서 배우는 내용들이다. 하지만 이러한 내용을 교과에서 글로 배우고 직접 해볼 기회가 없었기 때문에, 원하는 정보를 얻기 위해서는 취재를 나가는 등의 행동으로 선뜻 옮기지 못한다. 그리고 어떻게든 컴퓨터를 검색하거나 있는 자료를 가지고 만들어보려고만 한다.

　이렇게 직접 취재를 하고 그 내용을 바탕으로 기사를 작성하며 신문을 만들어가다 보면 신문 자체가 중요한 것이 아니라 만들어 가는 과정에서 아이가 느끼는 것들이 살아 있는 교육이라는 것을 알게 될 것이다. 더불어 아빠를 좀 더 자세히 알아가는 귀한 시간이 될 수 있을 것이다.

아빠 인터뷰 하기

① 아빠가 건축가가 된 계기는 무엇인가요?
② 어렸을때에도 커서 건축가가 되고 싶었나요?
③ 아빠의 회사의 이름은 무엇인가요?
④ 아빠의 연봉은 얼마인가요?
⑤ 왜 토요일도 회사에 가나요?
⑥ 아빠가 하는 일은 쉽나요?
⑦ 회사직원들과 많이 친하나요?
⑧ 아빠는 회사에서 몇등인가요?
⑨ 회사는 여기서 얼마나 머나요?
⑩ 몇시부터 몇시까지 근무하시나요?

04 기사 쓰기, 내가 만든 기사를 돋보이게 하는 4가지 습관

a. 무엇에 대한 기사인가?

기사를 쓰기 시작할 때 아이들의 공통된 질문이 있다. "어떻게 써야 해요? 뭘 써요?" 글을 쓰는 중간도 아니고 시작부터 어디서 어떻게 손을 대야 할지 모르겠다고 말한다. 기획도 하고 취재도 해 왔지만 첫 문장부터 막히고 만다.

보도기사를 쓸 때는 내가 어떤 정보를 전달하고자 하는지를 확실히 인식하도록 해야 한다. 무엇을 쓰겠다는 정리가 되지 않았다면 글은 절대로 나오지 않는다.

그렇게 기사의 핵심 정보를 정했다면, 그 다음에는 교과서에서 배운 대로 육하원칙에 맞게 전하고자 하는 정보를 먼저 정리하게 한다. 정리한 내용을 바탕으로 기사를 시작하는데, 첫 문장에서 핵심 사실을 밝혀주고 그 다음 문장부터는 누가, 언제, 어디서, 무엇을, 어떻게, 왜 했는가 중에서 좀 더 자세히 전달해야 할 세부 사실을 쓰도록 한다.

첫 문장에는 육하원칙으로 아주 간략하게 쓰고(이때, 육하원칙이 모두 포함되지 않을 수도 있다), 그 다음 문장부터 보다 많은 정보를 제공한다고 생각하면 된다.

아이들이 기사를 쓰다가 어떻게 이어나가야 할지 모르겠다며 또 멈춰버리는 순간이 있을 것이다. 이때 엄마가 도와줄 수 있는 방법은 다시 한 번 이 기사에서 쓰고자 했던 정보의 핵심이 무엇인지 상기시켜주는 것이다.

"무엇에 대해 쓰고 있는 거였니? 어떻게 했다는 거야? 왜 그랬대? 이렇듯 육하원칙에 해당하는 내용을 자세히 물어본다. 그러면 대부분 아이들이 자기가 쓰고자 했던 내용을 말로 열심히 설명하면서 빠진 부분이나 일치하지 않는 부분을 스스로 찾게 될 것이다.

또는 옆에서 아이가 쓴 기사를 소리 내어 읽어주자. 그러면 혼자 속으로 읽을 때는 찾지 못했던 어색한 부분을 귀로 듣게 되면서 스스로 인식하게 된다.

엄마는 기사를 대신 써주거나 불러주는 것이 아니라 이렇게 스스로 질문하며 글을 쓸 수 있도록 도와주는 역할을 해주어야 한다.

b. 한 번에 완성하려 하지 말자

　모든 글에서 문장을 한 번에 완벽하게 만들 수는 없다. 불현듯이 기가 막힌 글이 나오는 행운을 맞을 수도 있겠지만, 글은 수정하기 위해 쓴다는 마음으로, 고쳐 쓸 각오를 하며 써야 한다. 기사 또한 마찬가지다. 수정하기를 수없이 반복해야 좀 더 논리적인 문장을 완성할 수 있다.

　과감하게 글을 쓰게 하자. 한 문장 한 문장에 너무 집착하여 쓰다 보면 전체의 흐름을 놓치고 기사의 내용이 엉뚱한 곳으로 빠지기 십상이다. 그렇기 때문에 쓰고자 하는 내용을 잊지 않도록 일단 거칠게라도 빨리 써 놓는 것이 좋다.

　문장의 완결성을 생각하지 말고 일단 '앞부분에는, 중간은, 그리고 마지막에는 어떤 내용을 써야지'하며 큰 밑그림을 그리고, 그 다음에는 말을 하듯이 줄줄이 쓴 다음, 다시 처음으로 돌아가서 천천히 글을 다듬어 가도록 한다.

　기사를 쓰다 보면 완벽한 문장을 만드느라 끙끙거리며 뒤로 나아가지 못하는 아이들이 있는데, 막히는 부분은 과감하게 건너 뛰어 다음 단락을 써보라고 권한다. 아니면 다시 전체적인 내용을 살피라고 한다. 안 되는 것에 매달리고 집중하다 보면 어느새 자기가 지금 무엇 때문에 고민을 하고 있었는지도 잊고 끙끙거릴 때가 있다.

　그리고 기사를 쓰다가 중간에 떠오르는 생각이나 말들이 있다면 일단 아무 귀퉁이에나 적어 놓도록 한다. 나중에 써야지 하며 기억한다고 하지만 다른 것을 쓰다 보면 기억이 날아가 버려 다시 떠오르지 않는 수가 있기 때문이다.

이런 고치는 과정이 아이들이 제일 못 견뎌 하는 부분이고, 이런 과정을 극복하도록 아이를 이끄는 것이 엄마의 제일 힘든 부분이기도 하다. "아니, 우리 아이가 기자가 될 것도 아닌데, 이렇게까지 꼭 써야 되나?" 하는 반문이 떠오르는 시기도 바로 이때이다.

이런 과정은 기자가 되기 위한 과정이 아니라 글을 쓰는 과정이고, 자기 생각을 쓰는 과정이다. 수행평가, 서술형 평가, 자기소개서, 논술, 구술. 우리 아이들이 거쳐야 하는 길에는 그런 능력을 평가하는 시험의 산이 첩첩으로 있다.

c. 기사문의 어투

아이들이 기사를 쓸 때 존대어 때문에 무척 고민을 한다. 존대어와 존칭, 그 밖에 문장의 어미 처리 때문에 망설인다. 신문에서는 존대어나 존칭은 쓰지 않는다. 신문은 불특정 다수가 읽는 것으로 신문을 읽는 대상이 누구인지 알 수 없다. '했습니다', '말씀하셨습니다'가 아니라 '했다', '말했다'라고 써야 한다.

또 아이들은 오늘이라는 말을 기사의 앞부분에 습관적으로 넣는다.

신문에서만이 아니라 '오늘은~' 이라는 말은 꼭 필요한 상황이 아니라면 되도록 쓰지 않는 것이 좋다.

아이들의 기사에는 '나', '우리'가 등장하기도 한다. 기사는 기자의 입장에서 객관적인 사실을 보도해야 한다. 자기가 포함되어 있어도 "00초등학교 5학년 학생들이~"처럼 객관화해서 쓰도록 한다.

d. 기사 쓰기 실력을 키우기

아이들이 기사 쓰는 연습을 하기 위한 가장 좋은 방법은 기존의 기사를 분석하거나 따라서 써보는 것이다.

기획 기사를 쓸 예정이면 신문에서 기획 기사를 찾아 읽으면서 어떻게 이야기를 풀어 나갔는지 확인해보고, 그와 비슷한 형식으로 글을 써 본다거나, 인터뷰 기사를 쓰고자 한다면 여러 개의 인터뷰 기사를 읽어 보면서 가장 편하게 느껴지는 방법을 따라 써보도록 한다.

지금까지는 기사를 읽을 때 정보를 얻기 위해 읽었다면, 기사 쓰기에서는 기자의 눈으로 읽어보도록 하자. 기자가 되어 기사를 쓰는 입장에서 기사를 읽어 보면 문장 하나하나가 예사롭지 않게 보인다. 어떤 입장에서 읽는지에 따라 얻는 내용이 다르다는 것을 알 수 있을 것이다.

신문 만들기의 꽃, 편집

05

신문을 기획하고, 취재하고, 기사 쓰기를 마쳤다면, 이제는 기사들을 어느 면에 배치할 것인지를 결정할 때다.

먼저 신문 제호를 정한다. 신문 제호는 신문의 성격을 드러내는 의미도 담고 있기 때문에 신중하게 정해보자. 혼자 신문을 만드는 것이라면 발행인과 편집인에 모두 자기의 이름을 쓰고, 발행 일자를 쓰도록 한다.

그런 다음, 가장 중점으로 다루어지거나 1면을 장식할 기사들이 무엇인지, 또 여러 장의 사진 중 어떤 사진을 선택할 것인지 등을 고려하여 보기 좋게 배치해본다.

그런 다음, 그 자리에 들어갈 기사를 쓸 종이를 오려 놓는다. 그리고 그 종이에 이미 써놓은 기사를 옮겨 적도록 한다.

그런데 기사의 내용이 지면에 비해 넘칠 경우는 어떻게 하면 될까? 당연히 기사 내용을 줄여야 한다. 하지만 아이들은 기사를 준비하는 데 들인 시간이 아까워서인지 썼던 기사는 모두 넣고 만다.

한 중학교에서는 기사가 넘치자 2개의 기사를 겹쳐서 붙이거나, 기사가 삐죽 튀어나오도록 종이를 붙여서 편집해 놓는 친구들이 있었다. 이는 편집의 중요성을 모르기 때문에 학생들이 많이 하는 실수다.

신문이 정보 전달을 목적으로 하지만 미적인 면도 고려하는 것은 당연하다고 할 수 있다. 신문 내용이 아무리 알차고 읽을거리가 많아도 편집이 잘되어 있지 않으면 독자들은 읽기 힘들고 흥미를 느끼지 못한다. 기사를 보고 싶고, 읽고 싶도록 편집해야 한다는 것을 잊지 말아야 한다.

가족 신문을 편집할 때는 우리 가족의 어떤 모습을 중점으로 할 것인지를 먼저 정하면 따라서 다른 기사의 위치도 정해질 수 있다. 가족 구성원들을 소개하는 기사를 1면에 다룰 수 있다. 이렇듯 1면은 내가 어떤 점을 가장 알리고 싶은지를 생각하여 결정하면 된다.

앞에서 계획한 가족 신문을 예로 든다면 1면에 우리 가족에게 의미 있었던 순간을 주제로 하고 싶다면 1면 톱 기사로 가족 여행에 대한 기사를 싣는다거나, 사이드 톱 기사로 자랑하고 싶은 내용을 만화로 구성할 수 있다. 2면은 아빠와의 인터뷰, 아빠 직업 탐방 기획 기사를 싣고, 3면은 가족 개개인에게 있었던 사건들을 기사화하여 싣는 것도 좋다.

마지막 면에는 보통 신문에서와 같이 오피니언 면으로 하여 가족끼리 의견이 분분한 주제의 의견기사를 싣는다. 엄마에게 주장하고 싶은 내용, 엄마가 자녀에게 바라는 내용 등 다양한 주제의 칼럼과 논설문을 실어 신문의 형태를 마무리할 수 있다.

광고는 기존의 것을 참고하여 가족이 여행을 갔던 곳, 취미 생활, 재미있게 읽었던 책 등의 광고를 넣어보자.

신문 제작에서 초등학생일 경우에는 직접 만드는 데 의의가 있기 때문에 손으로 글을 쓰거나 광고를 그리는 것이 좋겠지만 중·고등학생인 경우에는 컴퓨터를 활용하여 신문을 편집하는 것도 좋다.

요즘 학생들은 다양한 도구를 활용하는 능력이 뛰어나다. 또 그런 능력이 필요한 세대들이기 때문에 직접 손으로 쓰게 하는 것이 최선이 아닐 수 있다.

우리 아이에게 딱 맞는 기사 쓰기 5가지 전략

06

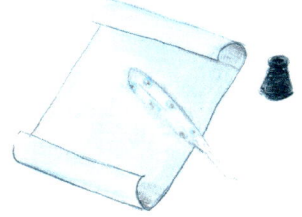

기사 쓰기를 지도할 때, 처음부터 기사를 쓰라고 하면 아이들이 난감해 하곤 한다. 이때, 기사 한 편을 완성하는 것이 어려운 아이들에게 기사 쓰기 전략을 적용하여 기사 쓰기를 도울 수 있다.

처음에는 기사에 표제만 붙여 보는 것에서부터 시작하여 점차 아이가 쓰는 부분을 늘려 스스로 온전한 기사 한 편을 쓸 수 있도록 한다. 이렇게 부분으로 나누어서 기사 쓰기에 도전하다 보면 우선 기사를 구조적으로 볼 수 있게 되고, 기사 한 편을 완성하는 것에 대한 부담감을 줄일 수 있다.

전략 1. 기사 읽고 표제 붙여보기

기사를 읽고 그 내용에 알맞은 표제를 3가지 이상 정해보도록 한다.

우선 기사에서 계속 반복되는 단어를 찾아 동그라미를 치며 읽도록 한다. 핵심이 되는 단어는 반복되어 실리게 된다. 강조가 되기 때문이거나 그것에 대한 자세히 설명하기 때문이다.

핵심어를 포함한 표제를 나름대로 써보도록 한다. 물론 기사와 표제를 미리 따로 나누어 놓은 후에 아이가 기사만 읽도록 해야 한다. 표제를 정했다면 신문사에서 붙인 표제와 비교해보도록 한다.

사실 표제를 다는 것이 쉬운 일이 아니다. 적절한 표제를 달기 위해서는 기사 내용을 정확히 파악해야 하고 기사 내용을 함축해서 드러낼 수 있어야 하는 것이기 때문이다.

이 활동을 가장 먼저 하는 이유는 표제의 역할을 알게 하고, 기사의 핵심 부분이 어떻게 설명되고 있는지를 이해하도록 하기 위해서다.

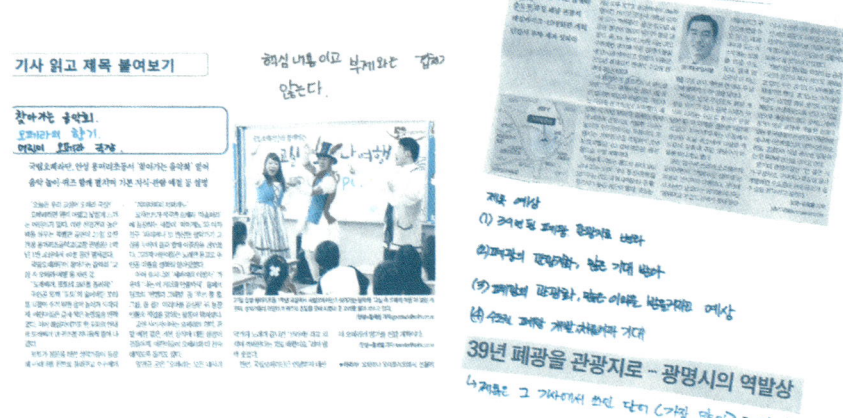

전략 2. 제목 보고 기사의 내용 유추해보기

이번에는 반대로 표제만 보고 기사의 내용을 유추해보도록 한다. 하는 방법으로는 표제만 보고 떠오르는 생각들을 자유롭게 쓰게 한 후에 그 단어들을 바탕으로 기사 내용을 예측하게 하는 것이다.

책 제목과 겉표지를 보고 책의 내용을 예측해보는 독서 전 활동과 같은 맥락의 활동으로, 기사를 읽는 동안 호기심과 흥미를 가지고 끝까지 읽게 하고, 집중하여 읽도록 하는 효과를 볼 수 있다.

하지만 여기서는 기사를 쓰기 위한 활동이기 때문에 기사의 표제와 부제의 역할, 표제와 기사와의 관계를 파악하면서 읽도록 한다.

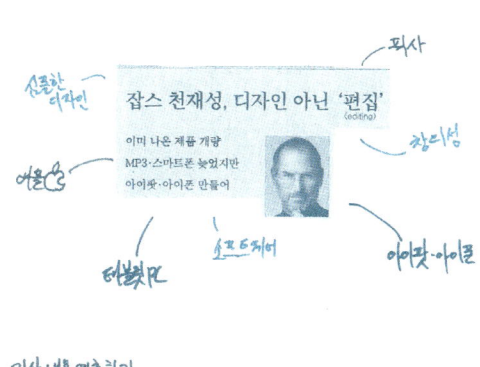

전략 3. 기사 읽고 육하원칙으로 정리하기

보도기사를 읽고 육하원칙 누가, 언제, 어디서, 무엇을, 어떻게, 왜 했는지로 정리하는, 기사 읽기의 기본 활동이라 할 수 있다. 육하원칙으로 찾아 정리하고, 그 내용을 바탕으로 요약해본다.

전략 4. 기사 육하원칙으로 정리하고, 내 기사로 다시 써보기

먼저 기사를 읽고 육하원칙으로 정리하도록 한다. 그런 후에 그 정리한 것을 뼈대로 새롭게 기사를 재구성해보는 활동이다. 이는 기사를 새로 쓰는 것이기보다는 기존에 있는 기사의 내용을 가지고 구성을 약간 바꿔보는 것이라 할 수 있다. 기존의 문장을 활용하는 것이기 때문에 아이들은 기사를 다시 쓰는 데 부담이 적을 것이다.

기사를 요약할 때는 주요 정보를 제외하고는 대부분 생략하겠지만, 기사를 다시 작성할 때는 육하원칙의 주요 정보 외에 세부 내용도 포함해야 한다. 하지만 기사 자료라고는 아무래도 기존에 있는 정보가 전부이기 때문에 원래의 기사보다는 짧아질 수밖에 없을 것이다.

전략 5. 나만의 기사 쓰기

지금까지 여러 단계에 걸쳐 기사를 요리조리 뜯어보며 살펴보았다.

기사를 읽고 표제를 정해보고, 표제만 보고 기사의 내용을 예측해보았다. 그리고 기사를 육하원칙으로 정리한 후 요약하여 보았고, 육하원칙으로 정리한 기사를 새롭게 재구성해보기도 했다. 이제 지금까지 여러 단계로 나누어서 했던 모든 활동들을 한 번에 해보도록 한다.

학교에서 있었던 일, 등하교 하면서 보거나 했던 일 등 주변에서 일어났던 사건 중 하나를 택하여 기사를 쓰도록 한다.

우선 육하원칙에 맞게 정리를 하고, 그 내용을 바탕으로 기사를 작성한다. 그리고 표제를 달아본다.

PART 6 : 신문 만들기, 엄마의 숙제에서 아이의 지식 창고로 재탄생

NIE 활동 28

게이트키핑.
편집국장이 되어 오늘의 주요 뉴스를 뽑아 봐요

    나만의 신문을 직접 만들면서 편집도 해보았으므로 이제는 신문의 구성을 이해할 수 있을 것이다. 이번 활동은 일일 편집국장이 되어 신문을 재구성해보는 활동이다.

    하루 동안 사회 곳곳에서는 많은 일들이 일어난다. 하지만 그 많은 일들 중에서 신문에 실려 우리가 알게 되는 일들은 일부분이고, 그 중에서도 중요한 기사가 되어 사람들의 관심사가 되는 것은 극히 일부분이다.

    신문 1면의 톱 이슈로 부각되지 않고 아주 작은 부분만이 할애된 기사일지라도 읽는 이에 따라 그 중요도는 다를 수 있다. 이미 신문사에서 전문가들이 편집한 신문이지만 내가 일일 편집국장이 되어 그 신문에서 중요하다고 생각되는 기사들로 1면을 재구성해보도록 한다.

활동 방법

❶ 먼저 기사를 읽은 후, 기사를 4개 정도 선택한다. 기사를 선택하는 기준은 아이들 나름대로 정하도록 한다.
❷ 선택한 기사들을 중요한 순서대로 재구성하여 붙인다.

❸ 재구성을 마친 후에는 따로 편집 회의록을 마련하여 왜 그 기사들을 선택했고, 어떤 기준으로 기사를 재편집하였는지 기록한다.

7

신문 속의 광고로
시대와 트렌드를 읽다

광고는 시대와 트렌드를 읽는 키워드

01

우리 생활에서 광고를 잠시라도 안 볼 수 있는 순간이 있을까? 거리에서 눈이 머물 수 있는 모든 곳에는 광고가 존재하고, 인터넷을 하는 동안에도 여기저기서 튀어 나온다. 마치 광고가 생명이 있어서 나를 지켜보고 있다가 언제든 자기 마음대로 나타나는 것만 같다.

이렇듯 지나친 광고는 대부분의 사람들을 피곤하게 하여, '광고'하면 먼저 부정적인 생각을 떠올리지만, 동전의 양면처럼 광고는 없어서는 안 될 긍정적인 영향을 발휘한다.

광고는 크게 상업 광고와 공익 광고로 나누어진다. 상업 광고는 사업주가 자기의 상품을 알리기 위해 돈을 투자하여 만드는 것으로, 소비자의 구매 욕구를 유발시켜서 소비를 촉진하는 역할을 한다. 이러한 투자와 소비는 더 많은 생산으로 이어지는 등 여러 가지 긍정적인 경제 효과를 유발한다. 공익 광고는 공익을 목적으로 만드는 것으로, 우리가 무심히 지나갈 수 있는 내용들이나 꼭 알아야 할 내용들을 부각시켜 널리 알리는 효과가 있다. 이 광고의 주체는 정부, 공공 기관 등이다.

광고는 경제적 선순환 효과를 일으키는 것 외에 학생들에게는 다양한 교육적 효과를 볼 수 있는 요소로 활용된다. 광고를 활용하여 아이들의 창의성을 키울 수 있고, 똑똑한 소비자가 되는 경제 교육을 할 수 있으며, 시대의 트렌드와 감성까지 읽을 수 있다.

특히, 인쇄 광고인 신문 광고는 함축된 이미지와 톡톡 튀는 광고 문구로 구성되어 있어 NIE 교육에서 활용 가치가 매우 높다고 할 수 있다. 신문의 40% 이상을 차지하는 광고는 흥미로운 신문의 구성 요소로 아이들과 신문의 거리를 좁혀주기도 한다.

그리고 놀랍게도 광고를 보면서 역사와 시대 상황 또한 읽을 수 있다. 우리나라의 옛 광고를 보면 그 당시 사회상과 소비 수준, 관심사, 옷차림까지도 알아 낼 수 있다.

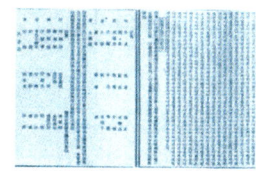
▲ 세창양행 광고

우리나라 신문에 처음 근대적 광고가 실린 것은 1886년 한성주보의 '덕상세창양행고백'*이었다. 처음에는 마치 진솔하게 자기의 물건을 소개한다하여 '고백'이라고 불렸다고 한다. 한문으로 되어 있는 이 광고는, 독일의 큰 무역상인 세창양행이 조선에서 개업을 하면서 낸 광고로, 서양의 물건인 자명종 시계, 서양식 단추, 유리 등을 팔고 있으며 소가죽,

* 신문 박물관 참고

말가죽 등을 사들인다고 말하고 있다. 그리고 공정한 가격으로 팔고 있고, 노인과 아이가 온다 해도 속이지 않을 것이라고 고백하듯이 광고를 하고 있다.

이 광고만으로도 그 당시에 외국 상인들이 우리나라에서 무슨 물건을 팔고 사들였는지, 그리고 상인들은 노인, 아이들과 같은 상대에게는 약간의 상술을 부렸다는 것, 1890년대까지도 사람들의 주된 소통 문자가 한문이었다는 것 등을 알 수 있다.

21세기 들어서 과학과 기술이 발달할수록 소비자의 욕구는 다양해지고, 생산되는 상품 또한 무궁무진하다. 이런 시장에서 광고는 더 이상 소심한 고백이 아니라 소비자의 이성적인 판단을 마비시켜 지름신이 내려와 상품들을 소비하도록 유혹하는 광고다.

그렇기 때문에 광고사들은 그 시대 사람들의 의식 구조, 소비 패턴, 선호도, 생활수준 등 여러 가지를 종합하여 그들의 마음을 최대한 움직일 수 있는 카피, 아름다운 이미지, 환상적인 색깔을 만들어 내기 위해 노력한다. 소비자들을 자극하고 감성에 호소하는 더 아름다운 이미지, 감각적인 이미지로 호소하게 된다. 이러한 이유 때문에 광고는 그 시대 사람들의 트렌드를 읽어 내고 문화를 대변하는 시대의 역사적인 산물이라고 말할 수 있는 것이다.

02 나는 최고의 카피라이터, 창의성이 돋보이는 광고를 만들어라

광고가 '창의적인 사고의 보고'임은 두말하면 잔소리이다. 그런 광고를 매일 접한다는 것 자체만으로도 창의성을 키우는 하나의 방법이 될 수 있다. 하지만 그저 '광고 보기'가 아니라 광고 문구, 디자인, 색감 등을 꼼꼼히 따져보는 등과 같은 '광고 읽기'를 할 수 있도록 하자.

학교에서는 국어 시간에 매체 활용 수업으로 '광고 만들기'를 많이 한다. 하지만 처음부터 아무 준비 없이 광고를 만들라고 하면, 광고를 만들면서 얻는 창의성의 효과를 충분히 얻을 수 없다. 아무리 매일 보아온 광고라고 해도 꼼꼼히 살펴보지 않았기 때문에 막상 직접 만들려고 하면 머뭇거리게 된다.

그래서 기존의 광고를 조금 변형해보는 활동에서 시작하여 직접 광고를 디자인하고 카피를 만드는 활동까지 난이도를 설정한 후 순차적으로 실행하는 것이 좋다.

광고. 기존의 광고를 활용하여 나만의 광고를 만들어보세요

NIE 활동 29

먼저 첫 단계로 신문 속의 다양한 광고 이미지를 활용하여 새로운 광고를 만들어보는 활동이다. 기존의 광고 카피와 상품 정보를 그대로 활용하도록 하되, 카피에 다른 문구를 덧붙이거나, 이미지의 위치나 디자인을 바꾸는 등 자유롭게 바꿔보도록 한다. 이렇게 기존의 광고를 그대로 활용하고 다른 광고와 재조합해보는 활동을 한 후, 점점 더 많은 부분을 학생들의 아이디어로 만들어 가는 것이다. 이 활동을 통해 광고의 구성을 자세히 파악해볼 수 있다.

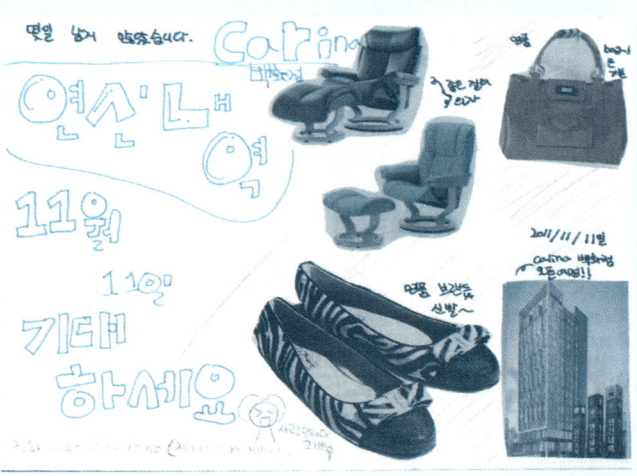

카피, 창의적인 광고 문구로 새롭게 바꿔보세요

카피를 읽은 후 '나라면 어떤 카피를 붙였을까'를 궁리하여 새롭고 적당한 광고 문구를 만들어보는 활동이다. 광고는 카피와 이미지로 구성되어 있다. 광고 카피는 언어적인 아름다움, 재치 있는 아이디어를 마음껏 표현한 것이라 할 수 있다. 이런 카피를 활용하여 그와 비슷한 다른 어휘로 대체해보면서 언어적인 표현 능력을 향상시킬 수 있다.

이때 고려해야 할 사항은 그 광고의 대상이 누구인지를 먼저 예측해보도록 하는 것이다. 그 대상을 파악해야 그들이 원하는 상품의 질과 가격, 성능까지도 파악할 수 있다. 아이들이 예측하는 정도는 아주 단순하고 정확하지는 않겠지만, 이런 과정을 설명하여 상품에 알맞은 카피를 정하도록 유도하는 것이 좋다.

:: **헤드카피**(head copy) : 광고 카피의 제목에 해당하며, 상품에 대한 정보와 가치 등을 함축적으로 담아 소비자에게 강하게 전달하는 메시지다.
:: **바디카피**(body copy) : 광고의 본문으로, 상품에 대한 구체적인 정보를 제공한다.
:: **슬로건**(slogan) : 상품뿐만 아니라 기업의 핵심 가치를 반복하여 사용하는 문구로, 강력한 각인 효과가 있다. [예 고객이 OK할 때까지(OK? SK), 집에서 Cook해.]

NIE 활동 31

광고 제작,
나만의 광고를 직접 만들어봐요

지금까지 기존의 광고를 활용하여 새로운 광고를 꾸며보고, 광고 카피를 바꿔보는 등 광고의 목적은 무엇이고, 광고에 담긴 정보에는 무엇이 있는지 여러 차례 확인하는 활동을 해보았다. 이번에는 나만의 광고를 직접 만들어보도록 한다.

광고를 만들기 전에 무엇을 광고할 것인지를 정하고, 상품이 가진 특성, 부각해야 할 좋은 점, 광고 카피도 미리 정하여 정리하도록 한다.

그런 다음, 어떻게 디자인할 것인지 이미지와 편집을 미리 구상하도록 하자. 항상 미리 기획하고 철저한 계획하에 활동하는 것을 습관화할 수 있도록 활동할 때마다 매번 같은 체계를 잡아주는 것이 좋다.

03 나는 최고의 경제 전문가, 광고에서 경제를 읽다

광고를 활용한 활동으로 창의성 키우는 것을 목표로 하는 활동뿐만 아니라 경제 교육도 할 수 있다. 합리적인 소비자, 똑똑한 소비자가 되어보는 것이다. 광고는 상품에 대한 정보를 제공하고 소비자가 물건을 소비하도록 설득하는 것을 목적으로 한다. 그렇기 때문에 소비자의 감성을 자극하여 현혹하기도 한다.

또 한 장면으로 많은 정보와 강렬한 인상을 주려다 보니 종종 과장되기도 하고, 허위 내용을 담기도 한다. 너무도 많은 광고가 쏟아지는 지금, 소비자는 어떤 정보가 진실이며 어떤 정보가 허위인지를 판단하는 것이 쉽지 않다. 이러한 이유 때문에 많은 피해자들이 속출하고 있고, 점점 광고에 대한 불신이 커지고 있다.

이러한 혼돈 속에서 현명한 소비자가 되기 위해서는 광고 하나하나를 주의 깊게 읽으면서 광고를 비판적으로 읽을 수 있는 능력을 키워야 한다. 소비자를 혼란스럽게 만드는 허위 광고, 과장 광고, 기만 광고를 가려 보면서 꼼꼼한 소비자가 되어 보고, 좋은 광고·나쁜 광고를 선정해보면서 어떤 광고가 소비자와 광고주 모두가 윈-윈(win-win)할 수 있는 좋은 광고인지, 기준을 정해보기도 한다.

NIE 활동 32

광고 체인지,
과장, 허위 광고를 솔직한 광고로 바꿔보세요

신문 광고 중에서 허위·과장·기만 광고를 찾아보고, 잘못되었다고 생각되는 부분을 정직한 광고로 바꿔보는 활동이다.

광고를 살피는 활동을 하는 이유는 잘못을 지적해서 법적인 처벌을 받게 하자는 것이 아니라 광고를 보는 안목을 키우는 데 있다고 할 수 있다. 즉, 상품에 대한 정보가 필요하여 광고를 보게 될 때 정보를 제대로 이해하여 현명한 소비를 하기 위한 것이다. 광고에 대한 안목을 키우기 위해서는 내가 소비의 주체가 되어 꼼꼼히 정보를 선별하고 가려서 선택하는 연습을 하는 것이 좋다.

:: 허위·과장 광고 : 상품에 대한 정보가 진실이 아니거나 지나치게 부풀려서 광고하는 것을 말한다.
:: 기만 광고 : 소비자가 착각하도록 정보를 제공하는 광고를 말한다.

이 활동을 하면서 아이들은 과장 광고의 문제점을 지적하곤 한다. 과장된 광고는 오히려 소비자들을 실망시키기 때문에 역효과가 나는데,

왜 과장 광고를 할까 궁금하다는 것이다. 솔직한 광고를 하면 더 신뢰감이 생겨서 많이 판매될 텐데 말이다.

그런데 참으로 아이러니하게도 그렇게 말한 학생들에게 과장한 광고와 본인이 한 정직한 광고 중 어떤 광고를 보았을 때 물건을 구매할 것 같은지를 물어보면 많은 학생들이 과장 광고를 선택하곤 한다.

과장 광고인 것을 알지만 자신도 모르게 과장된 광고 문구에 더 끌린다는 것이다. 그래서 사람들은 과장, 허위, 기만 광고에 대한 위험성을 예고해도 그 거짓말에 속는지 그 이유를 알 것 같다고들 이야기한다. 이러한 '광고 비판적 읽기'를 통해 상품을 선택할 때는 더욱 광고를 주의해서 읽어야 하고, 잘못된 광고로 소비자들이 더 이상 손해를 입지 않도록 강력한 규제도 필요하다고 말한다.

어느 코미디 프로에서 이야기하는 '나만 아니면 돼'는 결국 '나도 피해를 입을 수 있어'가 될 수 있음을 알아야 한다. 이런 소비자 교육을 교과서로 한다면 참 어렵고 지겨울 수 있다. 하지만 엄마와 아이가 신문의 광고를 천천히 살피면서 '광고 비판적 읽기'를 한다면 생활 속에서 녹여낸 산지식이 될 수 있다.

광고 붙이기

허위, 과장 광고라고 생각되는 부분	정직한 광고로 바꿔본다면?
그렇게 생각하는 이유	정직한 광고는 어떤 효과를 얻을 것인가?

광고를 통해 알 수 있는 사실을 정리해보자!

- 허위·과장 광고라고 생각되는 부분
  〈병원에 가지 않고도 약만 먹어서 고칠수 있다는것〉
- 그렇게 생각하는 이유
  〈수술을 해야할 경우도 있는데, 수술을 안해도된다 해서는〉
- 정직한 광고로 바꾸어 보다면
  〈일단.. 병원에 가서 상태를 확인한후에 ...〉
- 정직한 광고는 어떤것을 얻을것인가?
  〈소비자들에게 믿음을 주어 장사가 더 잘될거 같다

광고 평가, 기준을 정하여 내가 생각하는 좋은 광고를 골라보세요

　광고를 하는 목적에 따라 상품에 대한 정보를 제공하여 구매 욕구가 생기도록 하는 상품 광고와 기업을 알리고 이미지를 좋게 하기 위한 기업 광고, 공공의 이익이 될 수 있는 행동을 이끌어내기 위한 공익 광고로 나누어진다.

　그렇기 때문에 하나의 기준을 정하여 좋은 광고와 나쁜 광고로 평가를 할 수는 없다. 그 목적과 취지를 잘 살린 광고가 좋은 광고일 것이다.

　그렇다면 상품 광고 중에서는 어떤 광고가 좋은 광고일까? 이미지와 카피가 너무 예술적이고 기발해서 필요하지도 않은 물건이지만 구매하고픈 마음을 끌어내는 광고가 좋은 광고일까? 아니면 그냥 솔직하게 제품의 정보만 정확하게 제공하는 역할만 충실히 하여 소비자의 구매 욕구를 불러일으키지 못하는 광고가 좋은 광고일까?

　이 두 가지 모두 무엇인가 부족한 광고라는 생각이 들 것이다. 광고의 목적이 상품에 대한 정보 전달도 있지만 상품을 사고 싶다는 구매 욕구도 일으켜야 하기 때문이다. 이 2가지를 모두 충족하면서도 창의성이 돋보인다면 더 좋은 광고가 될 것이다.

이번 활동은 자기 스스로 평가 기준을 정하여 좋은 광고, 상주고 싶은 광고를 선정해보자.

상주고 싶은 광고

{책 속의 책}

포트폴리오를 완성하는 창의적 체험활동

2009 개정 교육과정, 창의적 체험활동에서 답을 찾다 01

창의적 체험활동? 그냥 체험 재량 학습과 무슨 차이가 있지?

창의적 체험활동(이하 창·체) 이라는 말을 처음 들으신 분들이라면 '어디서 들어본 듯은 한데…' 하며 고개를 갸웃거릴 것이다. 지금까지 학교에서 해오던 창의·재량학습이나 특별활동, 체험학습 등과는 다른 것인가 하는, 이런 저런 궁금증들도 생길 것이다.

창의적 체험학습을 한마디로 표현하면 지금까지 학교에서 했던 교과 외의 모든 활동들을 하나의 틀로 묶은 것이라고 할 수 있다.

교과부는 '창·체는 교과 과정이 제시한 시수 동안의 활동뿐만 아니라 학교 안팎의 다양한 장소에서 주말, 방학 등과 같은 다양한 시간을 활용하여 이루어지는 교과 외의 모든 활동을 말한다'고 밝히고 있다.

2009년 개정 교육과정에서 가장 주목할 부분은 창·체다. 이렇듯 창·

체를 교육과정의 전면에 내세우며 강조하는 이유는 '인성을 갖춘 창의적인 인재'를 키우기 위해서이다.

'창의적인 인재' 또는 '인성을 갖춘 창의적인 인재'라는 말들이 뭐 그리 중요한가라고 생각할 수도 있다. 하지만 이는 우리 사회의 인재상을 제시하는 것으로, 교육의 궁극적인 목표를 명시하는 것이기 때문에 단어 하나에도 많은 의미가 들어 있다.

지식 기반 사회에서는 수많은 지식과 정보를 융합하여 새로운 아이디어로 탄생시킬 수 있는 창의적인 능력이 필요하다. 그 창의적 능력의 기본 바탕으로 반드시 갖추어야 하는 것이 인성이다.

어려움을 극복해낼 수 있는, 자신에게만 가치 있는 것이 아니라 다른 많은 이들에게도 가치 있고, 효율적인 것을 위해 노력할 수 있는 인성이 필요한 것이다.

현재 우리 사회에서 이런 인재상을 대표하는 인물로 안철수 씨를 들 수 있을 것이다. 그는 학문 간의 경계를 뛰어넘는 창의성을 발휘했고, 창의성의 발현을 자신의 이익만을 위해서 사용하기보다는 많은 이들과 함께 나누는 방법을 택했기 때문이다.

하지만 치열한 경쟁 구도에서, 또 지금과 같이 문제 풀이에 열중하는 교육환경에서는 서로를 배려하는 인성과 서로 융화되면서 나오는 창의성, 이 두 가지를 고루 갖춘 인재가 나올 수 없다는 깊은 반성이 있었다.

유명한 미래학자인 엘빈 토플러의 "한국의 중·고등학교 교육은 세계와 정반대로 가고 있다. 하루 15시간 학교와 학원에서 미래에 필요하지 않은 지식과 존재하지 않을 지식을 위해 시간을 낭비하고 있다. 한국의

미래는 교육의 변화에 달려 있다"라는 말을 굳이 인용하지 않더라도 우리 아이들의 생활이 창의성을 키우는 환경과는 거리가 멀다는 것은 모두가 알고 있는 불편한 진실이기도 하다.

지금까지 학교에서 진행되어 왔던 창의 재량학습이나 특별활동은 일반적인 학교 수업과 별 차이가 없었다. 똑같은 선생님과 똑같은 강의식 수업으로 일반 교과 수업과의 차별성이 없이 진행되어 왔다.

지금 학교 현장에는 인성을 갖춘 창의적 인재를 키워낼 수 있는 수업 형태의 변화가 필요하다. 그리고 이제 그 변화의 초점을 자기주도적 창·체에 맞추려고 하는 것이다.

02 창의적 체험활동은 최고의 포트폴리오를 만든다

교육과정에서 새로운 단어가 등장하면서 많은 학부모들이 긴장을 한다. 논술이 처음 나왔을 때의 반응을 생각한다면 창·체로 인한 반응 또한 짐작이 가고도 남는다. 창체에 대한 정보를 학교에서 접한 분들은 그나마 덜하지만 사교육을 통해 처음 접한 분들은 더욱 긴장할 수밖에 없다. 그들은 업체를 통해 관리하는 방법을 소개하면서 완벽하게 기록물을 올리는 것이 유리함을 강조할 것이기 때문이다.

모든 교육 방침이 그러하겠지만, 창·체 역시 도입 취지에 맞게 잘 활용될 수 있다면 학습 방법의 변화와 학습의 질이 높아지는 결과를 얻을 수 있을 것이다. 그러나 이미 학생들의 창의체험 기록을 관리해주는 업체가 등장했다는 기사는 그리 놀랄 일도 아니다.

교육과학기술부에서 무언가 새로운 것을 결정하면 미리 반응을 보이며 준비하는 것이 우리나라 사교육이기 때문에 정작 그 취지가 살 수 있을까 하는 걱정이 앞서기도 한다.

하지만 창·체를 하는 궁극적인 목표와 그런 과정을 충실히 이행했을 때 얻는 효과를 생각한다면 어떻게 해야 하는지 정답은 나와 있는 셈이다. 논술의 경우를 학습 효과로 받아들여 진정한 창·체 취지에 맞는 활동을 해야 한다.

처음 논술시험이 나왔을 때, 논술을 잘하는 방법으로 독서를 꾸준히 해야 한다고 말했지만, 그 말을 아무도 믿지 않고 학원으로 몰렸다. 그래서 거의 모든 학원 간판에는 논술이라는 단어가 들어갔을 정도였지만, 지금은 한동안의 혼란스러웠던 과도기를 지나 정말 독서를 열심히 하고 신문을 꾸준히 읽은 친구들이 논술을 잘하는 모습을 볼 수 있다. 또 대부분의 학부모들도 인정하는 사실이 되었다.

창·체는 초등, 중등, 고등학교에 따라 그 목표를 달리하고 있다. 우선 초등학생의 경우에는 기초생활습관을 형성하고, 공동체 의식의 함양할 수 있는 활동에 초점을 두고, 개성과 소질이 개발되는 데 역점을 두고 있다. 학교가 주체가 되어 다양한 프로그램을 준비하고, 활동 내용에 대한 기록 또한 선생님들이 하게 된다.

지금까지의 체험 교육은 교육에 열심인 학부모들이 아이들 학습에 도움이 되는 체험 위주로 해 왔다. 그래서 역사를 배우기 전에는 박물관을 찾거나, 역사적인 사건이 있었던 유적지를 돌아보는 등 교과 학습 위주의 체험이었다고 해도 과언이 아니었다.

이제는 이러한 개별적인 체험학습 외에 학교가 주체가 되어 그 지역의 자연환경과 학교 특성을 살려 학생들이 다양한 창의적인 프로그램에 참여할 수 있도록 할 예정이라고 한다.

중·고등학생의 경우에는 '에듀팟'이라는 창의적 체험활동 지원종합시스템이 있어, 창·체를 한 내용을 학생 스스로 기록해야 한다. 에듀팟에 기록하는 방법은 인터넷상에서 학생이 기록을 하고 담당 선생님께 승인을 요청하면, 선생님이 기록을 검토하여 승인을 하는 시스템이다. 이렇게 누적된 기록물은 포트폴리오가 되어 상위 학교에 진학을 하거나 취업을 할 때 제출하게 된다.

에듀팟에는 학생들의 활동 내용을 크게 4개의 영역, 자율 활동, 동아리 활동, 진로 활동, 봉사 활동으로 분류하여 기록하도록 하고 있다. 이 밖에 자기소개서와 방과 후 활동을 기록할 수 있다. 에듀팟에 관련된 좀 더 자세한 내용은 http://www.edupot.go.kr에서 확인할 수 있다.

03 창의적 체험활동은 엄마의 작품일까? 아이의 작품일까?

중학교에 진학하면서 학생들은 자신의 창·체를 에듀팟에 직접 기록해야 한다. 에듀팟을 처음 접하는 학생들에게 자기의 기록을 직접 작성해야 한다는 점은 큰 부담으로 작용한다. 지금까지 해오지 않았던 정말 낯선 일이기 때문이다. 입학식, 졸업식과 같은 학교의 행사에 그저 참석하고 시간을 때우는 것이 익숙한 아이들이기 때문에 행사에 의미를 부여하고, 행사를 통해 느낀 점을 쓰라고 하니 당황스럽다는 반응이다.

이 밖에도 창·체에서 중요하게 보는 점은 '자기 주도적이고 자율적인 체험을 했는가?'인데, 체험학습도 늘 엄마에 의해 계획되었고, 엄마의 주도하에 실행해왔던 아이들이 어느 날 갑자기 스스로 할 수 있을 리가 없다.

그뿐만 아니라 학습량이 많기로 유명한 중·고생들이 교과 외의 다양한 체험 활동을 하려니 늘 시간에 쫓기는 상황이 되어 더욱 안타까울 뿐이다.

창·체에서 가장 중요한 부분은 기록이 누적된다는 점을 들 수 있다.

그동안은 선생님이 학생생활기록부에 교과 학습 내용을 중심으로 기록한 것이 아이에 대해 알 수 있는 기록의 전부였다. 그런데 에듀팟은 학생이 직접 자신에 대한 기록을 남길 수 있고, 학습 능력 외의 다양한 활동 영역을 기록할 수 있는 시스템이다. 다만, 아이가 한 체험 활동이 꾸준히 누적이 되어야 한다.

바로 이 점이 가장 큰 난제이기도 한데, 이 관리를 학생들이 스스로 알아서 해야 한다고 한다. 담당 선생님이 언제까지 기한을 주고 기록을 올리도록 한다면 아이들은 어떻게든 지키겠지만, 그렇지 않고 학생이 스스로 하기를 기대하는 것은 무척 어렵다고 본다.

행사를 마치거나, 봉사 활동을 다녀와서 어떤 활동을 했고, 무엇을 느꼈는지를 기록해야 하는데, 대부분의 아이들은 그 시기를 놓치고, 여러 번에 걸쳐서 한 활동을 한꺼번에 기록하곤 한다.

하지만 이렇게 한꺼번에 올리는 것은 에듀팟의 의미를 잘 살린 것이라 볼 수 없다. 꾸준히 노력해온 모습을 기록하는 것에 의미를 두고 있기 때문이다. 그리고 한꺼번에 기록하려고 하면 아무리 기억해내려 해도 이미 그때 느꼈던 자신의 변화를 생생하게 기록하기 힘들다.

더욱이 시스템 자체가 시기를 놓치거나 잊고서 빠뜨린 부분을 뒤늦게 올릴 수 없게 되어 있다. 예를 들면 4월에 활동하고 8월에 기록을 하면, 입력 날짜는 8월이 되는 것이다. 또 학년이 바뀌어 2학년이 되어서는 1학년 때의 활동을 기록할 수 없다.

우연히 창·체를 적극적으로 잘 관리한 고등학교를 알게 되었다. 그 학교에서는 선생님들이 일제히 날짜를 정해주고 아이들이 한 활동을 빠짐없이 기록하도록 했다. 대학 입시를 앞두고 있는 학생들은 강압적인 선생님의 태도가 이해되지 않아 불만도 많았다고 한다. 하지만, 수시 원서를 쓰는 과정에서 에듀팟이 매우 유용했다고 입을 모은다.

요즘과 같이 여러 개의 학교에 입시 원서를 넣는 체제에서는 자기소개서를 쓰고, 제출해야 할 서류 준비를 준비하는 데 많은 시간과 노력이 필요하다. 한창 공부에 집중해야 할 시기에 지난 시간을 떠올리며 원서를 쓴다는 것이 쉽지 않은 일이다. 그런데 그 학교 학생들은 이미 완벽하게 준비되어 있었기 때문에 어렵지 않게 원서를 제출할 수 있었다고 한다.

이렇게 학교 차원에서 관리하지 않는다면 스스로 하는 것이 아니라 결국 엄마의 잔소리에 의해 하게 되는데, 중·고생을 자녀로 둔 학부모들은 또 하나의 전쟁거리를 떠맡게 된 셈이다.

하지만 반대로 이런 점을 기회로 활용할 수 있다. 꾸준히 기록을 해 놓은 덕분에 큰돈을 들여 컨설팅을 받거나 자기소개서를 쓰는 것이 아니라 누구보다도 진정성이 녹아 있고, 효과적인 기록을 확보할 수 있기 때문이다.

04 NIE 활동 결과물을 나만의 포트폴리오로 만들게 하라

이제 창체와 NIE, 이 둘 사이의 관련성에 대한 이야기를 해야 할 것 같다.

먼저, 창·체로 인해 NIE가 공교육 안으로 들어갈 수 있게 되었다고 감히 말하고 싶다. 지금까지 공교육에서 NIE가 실현되기는 무척 힘든 일이었다.

NIE의 효과를 이해하고 창의적인 학습 방법이라고 믿는 선생님들조차도 선뜻 할 수 없었던 가장 큰 이유는 학생들의 교과 학습양이 너무 많기 때문이다. 아무리 교과와 연계를 하여 수업을 한다고 해도 신문을 읽고 활동을 하다 보면 제때에 진도를 맞추는 것은 쉽지 않은 일이다.

더욱이 특수 목적 중·고등학교가 생기고, 학생들의 교과 성적이 진학에 중요한 비중을 차지하게 되면서 NIE가 설 자리는 더욱 좁아졌다. 어떻게든 시험과 관련된 교과 수업을 해야 하는데, 시험에도 나오지 않는 NIE에 시간을 투자하는 것은 선생님들께는 큰 결단력이 필요한 일일 수밖에 없었다.

NIE가 교과 수업 시간에 들어올 수 없었던 또 다른 이유는 수업 준비에 많은 시간과 노력이 필요하다는 것이다. 신문은 특성상 매일 새로운 소식을 담기 때문에 미리 준비할 수도 없고, 일회성이기 때문에 매번 새롭게 수업 준비를 해야 한다. 교과 수업 준비에도 바쁜 선생님들로서는 이중으로 수업 준비를 하는 것이 무척 부담 가는 일이었을 것이다.

매 학기마다 많은 선생님들이 NIE 연수기관에서 실시하는 NIE 교육에 참여하여 관심과 열의를 가지고 적극적으로 배워 간다. 하지만 연수를 마친 선생님들의 고민은 늘 '학교 수업과 NIE를 어떻게 병행하는가'였다. 이런저런 이유로 선생님들은 마음은 있어도 망설일 수밖에 없었고, 매우 극소수의 선생님들만이 학교에서 NIE를 해 왔다.

하지만 이제는 공교육 안에서 학교, 학급의 창의적 특색 활동은 반드시 해야 하는 수업이 되었다. 특히 NIE 결과물을 에듀팟에 올려 학생들의 생각이 자라는 모습을 눈으로 보여줄 수 있는 길이 열렸다. 그리고 그 결과물은 학생들의 가능성을 보고 뽑고자 하는 입학사정관제에 부합하는 준비물이 될 것이다.

NIE는 특별한 재주를 보이며 다양한 활동을 준비하지 않아도 된다는 것이 더욱 매력적으로 다가온다. 꾸준히 신문을 읽고, 자기의 생각이 조금씩 자라는 것을 기록하기만 하면 된다. 긴 시간동안 신문을 꾸준히 읽으면서 자신의 진로를 고민하고, 새로운 정보 속에서 창의적인 생각을 꽃피우고, 민주 시민으로 자라나는 모습을 보여줄 수 있는 것이다.

    그런 의미에서 창·체로 NIE가 특히 돋보일 수 있는 분야는 진로 영역이다. 진로에 대한 탐색은 긴 시간을 투자하여 신중하게 행해야 한다. 진로 탐색은 희망과 꿈만으로 하는 것이 아니다. 어떤 분야에 호기심을 갖고 탐색하며 자신을 알아가는 것 외에 직업에 대한 지식, 미래 전망 등을 알아가는 데에 꽤 많은 시간이 필요하다. 즉, 꾸준히 업데이트되는 정보와 축적이 필요하다는 것이다. 이러한 필요 과정을 충족시킬 수 있는 활동으로는 NIE가 적합하다.

    그리고 멘토의 도움도 필요하다. 아이가 흥미를 갖고 잘하는 것, 또 잘 해낼 능력을 찾도록 도와주는 멘토가 필요하다. 그 멘토의 역할을 하는 것이 부모와 선생님, 그리고 신문이다.

    어느 날 갑자기 진로를 결정하는 학생들도 있지만 신문 속에서 다양한 사람들이 살아가는 모습을 보면서 '나도 이렇게 살고 싶다'는 꿈을 꾸는, 서서히 꿈을 만들어 가는 과정, 이러한 진로 탐색과정을 신문 읽기로 할 수 있다. 신문 속에서는 새로운 직업, 미래의 직업 등을 엿볼 수 있고, 다양한 사람들의 삶을 엿볼 수 있기 때문이다. 그러기 위해서 나를 알아 가는 과정, 내가 닮고 싶은 인물, 내가 존경하는 인물들을 찾아보고, 관심 있는 분야에 대한 정보를 수집해야 한다.

두 번째로 에듀팟에 기록하였을 때 효과적인 부분은 자율 활동의 창의적 특색활동 부분이다. 자율 활동은 적응활동, 행사활동, 자치활동, 창의적 특색활동으로 세분화하여 글을 작성할 수 있는데, 이 중에서 창의적 특색활동은 개인, 학급, 학년, 학교별로 특색 있는 창의적인 활동을 기록하는 곳이다. 선생님이 이끌어 학급의 창의적 특색활동으로도 NIE 활동을 기록할 수 있지만, 학생이 개인적으로 신문 읽기를 하고 자기의 생각을 꾸준히 정리해 나가는 NIE 활동을 기록할 수도 있다.

그동안 특목고 진학을 지원하는 학생들 중에는 개인적으로 스크랩북을 제출하여 신문을 꾸준히 읽어 온 것을 증명했다. 하지만 이제는 에듀팟의 창의적 특색활동 영역에 사진으로 첨부하여 올린 신문 활동 결과물들이 이북(e-book)의 형태로 포트폴리오가 되어 진학하고자 하는 학교에 제출하면 된다. 주의할 점은 아무리 에듀팟에 올렸다고 하더라도 실물을 제출하게 되는 경우를 대비하여 실물을 반드시 보관해야 한다는 것이다.

세 번째는 동아리활동 부분이다. 동아리 활동은 대학이나 특목고에서 그 학교를 지원하는 학생들을 평가하는 자료로 활용된다. 특히 대부분의 과학고나 외고에서 자기주도 전형으로 학생을 뽑고 있는 상황에서는 동아리활동이 매우 중요하다. 이미 대학들은 동아리활동의 중요성을 강조한 바 있다. 그 학생이 즐겨하는 활동이 곧 적성에도 맞을 것이라는 전제가 깔려 있다고 할 수 있다.

신문부와 같은 신문 관련 동아리에서는 단순히 신문을 읽고 자기의 생각을 쓰는 것으로 끝나서는 돋보일 수 없다. 1년 동안 계획을 세워 그

계획들을 차근차근 실행해 나가는 모습이 드러나야 한다. 예를 들어 우리 신문의 취지는 무엇이고, 어떤 기능을 하는 신문을 만들고 싶은지를 정한 다음, 역할은 어떻게 나눌 것인지, 취재는 언제 어떻게 나갈 것인지, 신문을 몇 회에 걸쳐 발행할 것인지 등의 계획이 있어야 한다. 그런 계획들을 실현해 나가는 모습을 통해 학생들의 자율성을 판단하고자 하기 때문이다.

꼭 신문부에서만 신문을 활용하는 것은 아니다. 과학에 관심이 많은 친구들이 과학 동아리에 참여하게 되었다면, 과학과 관련된 체험, 독서와 함께 관련 기사를 스크랩하여 자료화할 수 있다.

또 관심 분야에 대해 꾸준한 스크랩과 토론 활동은 좋은 동아리활동의 예가 될 수 있을 것이다. 이와 같이 다양한 분야에서 NIE는 다른 이들에게는 없는 나만의 포트폴리오로 활용될 수 있다.

에·필·로·그

현명한 엄마는 아이와 함께 신문을 읽는다

　주변에서 좋은 학습 방법이 있다는 이야기를 들으면 엄마들은 항상 자기 아이에게 시켜보고 싶은 충동을 느낍니다. 혹시 이 책을 읽으면서 아이에게 NIE를 시켜야겠다는 생각이 들었다면 책을 50% 이해한 것이고, 아이와 함께 NIE를 해야겠다는 생각이 들었다면 100% 이해한 것입니다.

　NIE는 아이에게 숙제로 내주고, 엄마가 체크를 하는 학습이 아니기 때문입니다.

　신문을 읽으면서 아이는 계속 질문을 하고, 알고 싶어 하고, 궁금해 합니다. 세상 이야기에 대해 궁금한 것이 많기 때문입니다. 이때 엄마가 아는 내용은 아는 대로, 모르는 내용은 함께 찾아보면서 아이의 시야를 넓게 열어주세요. 이 과정을 놓치면 NIE를 제대로 할 수 없습니다.

　필자 역시 바쁘다는 핑계로 가끔 아이에게 "○○ 활동을 해라"라고 지시만 하고 제 할 일을 한 적이 있습니다. 그 후에는 반드시 후회를 하게 됩니다. '한 시간 동안 내가 일을 하면 얼마나 한다고, 귀한 시간을 놓쳤구나……' 하구요.

사람들은 신문을 '세상을 보는 창'이라고 합니다. 아이에게 크고 투명한 창을 만들어주세요.

창이 큰 만큼 많이 볼 수 있고, 투명한 만큼 잘 볼 수 있을 것입니다.

지은이 정선임

상위 1%를 만드는 NIE,
이제 당신의 아이가 그 '주인공'입니다.